77 Treppen für Wohnhäuser

Johannes Kottjé

77 Treppen für Wohnhäuser

Material · Konstruktion · Raumwirkung

Deutsche Verlags-Anstalt

Inhalt

Faszination Treppe

Rein formal betrachtet, handelt es sich bei Treppen lediglich um die vertikale Verbindung zweier Geschosse oder Ebenen. Ein Erschließungsbauteil also, ähnlich einem Flur – völlig unspektakulär! Doch während Flure immer nur eine untergeordnete und dienende Funktion haben, kommt Treppen seit jeher auch in architektonischer Hinsicht eine ganz besondere Bedeutung zu. Dies betraf nicht nur Prachtbauten der Renaissance und des Barock, bei denen der Treppenraum nicht selten einen der größten und repräsentativsten Räume des Gebäudes darstellte und breite, oft symmetrisch gedoppelte Treppen mit mehreren Läufen und Podesten sich durch reich verzierte Lufträume emporschwangen.

Auch bei einfacheren Wohnhäusern – vom Bauernhaus auf dem Land oder Bürgerhaus in der Stadt, über Villen bis hin zum Mietshaus – fungieren Treppen in nahezu jeder Epoche und Stilrichtung neben ihrer Funktion als Vertikalerschließung auch als repräsentatives, oft sogar architekturprägendes Element.

Doch wo liegen die Ursachen hierfür? Welche besondere Faszination löst das Bauteil Treppe aus, dass bis heute oft selbst bei ansonsten sehr kostengünstig und bescheiden gebauten Wohnhäusern in die Treppe und den zugehörigen Raum erstaunlich viel investiert wird?

Von alters her sind Treppen Symbol für Würde und Reichtum, oft auch für Macht: Schon antike Tempel und Herrscherpaläste mussten über monumentale Freitreppen erklommen werden. Der Herrscher oder die Gottheit weit oben, der Besucher unten zu seinen Füßen, der Aufstieg über die Treppe als fast schon unterwürfiger Bittgang – wie ließe sich der Kontrast zwischen Macht auf der einen und Machtlosigkeit beziehungsweise Untertänigkeit auf der anderen Seite architektonisch besser umsetzen? Als Zeichen des Respekts konnte der Herrscher seinem Gast einige Stufen entgegenkommen, ohne hierdurch die Position des Höherstehenden – metaphorisch wie physisch – zu verlieren. Diese Symbolik blieb als Element staatstragender Architektur in immer wieder nur leicht den aktuellen Moden angepasster Form über die Jahrtausende bei nahezu sämtlichen feudalen und diktatorischen Staatsformen aktuell, um auch darüber hinaus vom Geldadel bis in die heutige Zeit immer wieder aufgegriffen zu werden.

So ist es nicht verwunderlich, dass die Treppe als funktionales Statussymbol gesellschaftlich tief verwurzelt ist und sie diese Funktion zumindest rudimentär und wohl meist unbewusst bis heute auch in manch schlichtem Wohnhaus übernimmt.

Anders als bei Ein- und Zweifamilienhäusern ist dies allerdings bei den meisten Mehrfamilienhäusern, wo die Treppe im Zuge immer weitergehender Ökonomisierung und durch immer weitere Verbreitung des Aufzugs in den letzten hundert Jahren tatsächlich zu einem rein funktionalen Erschließungsbauteil in Fortführung der Flure verkam.

Bei modernen, häufig sehr offenen Grundrissen sprechen aus architektonischer Sicht insbesondere zwei Umstände für eine hochwertige Gestaltung der Treppe: Fiele sie gegenüber den Wohnräumen gestalterisch ab, würde das offene Ineinanderfließen der einzelnen Bereiche hier unterbrochen. Des Weiteren ist die Treppe bei vielen derartigen Entwürfen zwangsläufig von etlichen Stellen des Hausinneren aus sichtbar und aufgrund ihrer charakteristisch abgestuften, das gesamte Gebäude vertikal durchziehenden Form besonders augenfällig. Ihr Erscheinungsbild prägt somit den Innenraum wesentlich und trägt erheblich zu seiner Atmosphäre bei.

Und noch ein ganz anderer Punkt spricht dafür, der Gestaltung einer Wohnhaustreppe besondere Aufmerksamkeit zukommen zu lassen: Sie ist meist das einzig wirklich dreidimensionale Bauteil eines Hauses, das noch dazu schon per se eine gewisse skulpturale Wirkung hat – weshalb sollte man diese nicht nutzen und ins Ästhetisch-Prägende oder gar Künstlerische übersteigern?

Ob also nun als »unbewusstes Statussymbol«, als skulpturales Kunstwerk oder schlichtweg zur ästhetischen Durchgängigkeit zwischen den Geschossen: es gibt viele Gründe, der Treppengestaltung besondere Aufmerksamkeit zu widmen!

Typologie

Es gibt verschiedene Kriterien, nach denen Treppen charakterisiert und typisiert werden. Zu den wichtigsten zählt die Anzahl der Treppenläufe. Als einläufig bezeichnet man eine Treppe, die zwischen zwei Geschossen nicht von einem oder mehreren Podesten unterbrochen wird. Findet sich jedoch ein Podest als Treppenantritt oder -austritt, handelt es sich dennoch um eine einläufige Treppe.

Bei mehrläufigen Treppen wird danach unterschieden, ob sie gerade durchlaufen, ein Podest also lediglich eine Stufe von besonderer Tiefe darstellt, oder ob ein Podest zugleich dem Richtungswechsel dient. So werden beispielsweise in Wohnhäusern aus Platzgründen gern gegenläufige Podesttreppen vorgesehen, bei denen über ein Podest auf etwa halber Höhe ein Richtungswechsel um 180 Grad beschrieben wird. Das Podest, dessen Tiefe typischerweise der Treppenlaufbreite und dessen Breite der doppelten Treppenlaufbreite entspricht, wird hier als Halbpodest bezeichnet.

Dient ein Podest einem Richtungswechsel um 90 Grad und übernimmt in Tiefe wie Breite die Treppenlaufmaße, spricht man von einem Viertelpodest, die gesamte Konstruktion bezeichnet man als Winkeltreppe.

Gerade bei modernen Entwürfen besonders beliebt sind gerade durchgängige Treppen, meistens einläufig ausgeführt. Werden sie jedoch von einem Podest unterbrochen, spricht man von einer zweiläufigen Treppe mit Zwischenpodest.

Diskrepanzen zwischen Fachterminologie und umgangssprachlichem Gebrauch gibt es insbesondere bei dem Begriff der Wendelung. Während dieser im allgemeinen Sprachgebrauch häufig mit einer Wendeltreppe assoziiert wird, kennzeichnet der Begriff »gewendelt« zunächst alle Treppen, die nicht durchgängig gradläufig sind, bei denen also zumindest ein Teil der Stufen nicht über die gesamte Laufbreite hinweg über eine durchgängige Auftrittstiefe verfügt, sondern sich zum Treppenauge hin verjüngt und zur Treppenaußenkante hin über das mittlere Auftrittsmaß hinweg aufweitet.

Mithilfe von Wendelungen werden Richtungsänderungen ohne Podest vorgenommen. Typisch sind auch hier Drehungen um 90 oder 180 Grad, man spricht von viertel- oder halbgewendelt. Findet sich die Wendelung im Treppenverlauf, handelt es sich um einen gewendelten Treppenlauf, findet sie sich zu Beginn oder am Austritt, spricht man von gewendelten An- und Austritten.

Beschreibt die Gesamtwendelung einer Treppe mehr als 180 Grad, handelt es sich um eine Wendeltreppe, gleich ob sie ausschließlich gewendelte Stufen oder auch gradläufige Partien enthält. Laufen alle Stufen und Podeste an einer gemeinsamen Mittelstütze zusammen und verjüngen sich auf eine Auftrittsbreite nahe Null, bezeichnet man die Treppe als Spindeltreppe.

Tragkonstruktionen

Die klassischste Konstruktionsweise bei Innentreppen ist die Wangentreppe. Hierbei werden die Stufen zwischen beidseitig verlaufende Tragelemente – meist handelt es sich hierbei um Brettbalken – eingespannt oder auf diese über seitliche Auflager aufgelegt. Die Wangen können frei tragend ausgeführt sein, also oben und unten aufliegen oder ihrerseits an seitlichen Begrenzungswänden oder anderen Bauteilen befestigt sein. Ihre Oberseite verläuft meist als gerade, parallel zur Treppensteigung verlaufende Kante.

Besonders kostengünstig sind meist Holmtreppen, auch Balkentreppen genannt. Hierbei werden die Stufen auf einem oder zwei unterseitig verlaufenden Tragbalken aufgelagert.

In der modernen Architektur besonders beliebt sind frei tragende Treppen, bei denen die gesamte Treppe ohne Einsatz von Treppenwangen lediglich oben und unten aufliegt oder eingespannt ist. Frei tragende Treppen können beispielsweise als Faltwerkkonstruktion ausgeführt werden oder auch als Betonfertigteiltreppen, bei denen die gesamte Treppe als ein zusammenhängendes Betonbauteil in das Gebäude eingesetzt wird. Unter der Vielzahl weiterer, meist statisch aufwendiger, dadurch jedoch ästhetisch faszinierender Konstruktionen erfreuen sich derzeit insbesondere Kragstufentreppen großer Beliebtheit. Hierbei werden die einzelnen Treppenstufen in die seitliche Begrenzungswand einseitig eingespannt oder auf später nicht mehr sichtbare Kragarme einer in die Wand montierten Hilfskonstruktion aus Stahl aufgesetzt.

Materialien

Das wichtigste Bauteil einer Treppe neben der Tragkonstruktion sind selbstverständlich die Treppenstufen – sofern diese nicht bereits Bestandteil der Tragkonstruktion sind. Bei der Stufe selbst differenziert man zwischen ihrem horizontalen Teil – der Trittstufe – sowie der Setzstufe, die die Lücke zwischen zwei Trittstufen schließt. Durch Verzicht auf Setzstufen wird häufig ein besonders leichtes Erscheinungsbild erzielt.

Größtmögliche Leichtigkeit in optischer Hinsicht ist bei modernen Entwürfen oft auch das Ziel bei der Gestaltung des Treppengeländers. Wurde und wird dieses bei klassischen Treppen häufig reich verziert oder gar ornamental übersteigert, verzichtet man heute in manchen Fällen sogar komplett darauf. Bauordnungsrechtlich möglich ist dies ausschließlich bei Einfamilienhäusern, ebenso die Variante, lediglich einen filigranen Handlauf ohne Brüstung oder sonstige Absturzsicherung zu montieren.

Mit der Konstruktion eng verbunden sind die gewählten Materialien. Die Tragkonstruktion von Treppen in Wohnhäusern besteht meist aus Holz, Beton oder Stahl. Theoretisch möglich und gelegentlich praktiziert sind Tragkonstruktionen aus Glas, die zu einer optisch äußerst leichten Treppe führen. Häufiger jedoch wird Glas für die Treppenbrüstung verwendet, bei der ansonsten die erstgenannten drei Materialien ebenfalls zum Einsatz kommen.

In optischer wie funktionaler Hinsicht besonders relevant ist die Materialwahl bei den Stufen. Beliebt und vielfältig einsetzbar sind Holzbeläge. Ob als Bestandteil einer kompletten Holztreppe, auf eine Stahl- oder Betonunterkonstruktion aufgesetzt, ob entwurflich klassisch oder modern: Holzstufen sind sowohl konstruktiv wie stilistisch fast immer möglich. Bei Treppen noch wichtiger als bei Holzfußböden ist die Verschleißfestigkeit der Oberfläche. Massivholz sollte daher gegenüber Furnierböden eindeutig der Vorzug gegeben werden, und auch die Verwendung von Treppenlack, selbst wenn die Böden im Haus ansonsten geölt oder gewachst sind, sollte angedacht werden.

Bei Betontreppen wird gern ein Belag aus keramischen Fliesen oder Natursteinplatten gewählt. Um die Folgekosten hier gering zu halten, sollte einerseits auf hohe Materialqualität geachtet werden, andererseits auf ein dezentes »zeitloses« Design. Gut geeignet sind beispielsweise Feinsteinzeugfliesen mit homogener, gedeckter Farbgebung. Betontreppen können jedoch auch – entsprechende Berücksichtigung bei Planung und Produktion vorausgesetzt – nur mit einer Beschichtung versehen werden. Ebenso ist jeder andere Bodenbelag denkbar, wobei aufgrund der besonderen Beanspruchung, insbesondere im Kantenbereich, manche Materialien, die sich in der Fläche durchaus als Bodenbelag bewährt haben, bei Treppen möglichst außen vor bleiben sollten. Unter anderem betrifft dies Teppichbeläge, die jedoch akustische Vorteile haben können.

Steigungsmaße

Entscheidend für Komfort und Sicherheit beim Begehen von Treppen sind die Tiefe des Auftritts und die Höhe der Steigung der einzelnen Stufen sowie insbesondere deren Verhältnis zueinander. Hierzu entwickelte François Blondel bereits im 17. Jahrhundert drei Regeln, die bis heute gültig sind. Die Schrittmaßregel legt fest, dass die Addition aus dem Maß zweier Steigungen und der Tiefe eines Auftritts einen Wert zwischen 60 und 66 Zentimeter ergeben soll:

$$60 \leq 2\,S + A \leq 66$$

Nach der Sicherheitsregel soll der Wert für die Addition einer Steigung und eines Auftritts zwischen 45 und 47 Zentimeter liegen, wobei die Tiefe des Auftritts zwischen 26 und 32 Zentimeter und die Höhe einer Steigung zwischen 14 und 20 Zentimeter betragen soll:

$$45 \leq A + S \leq 47.$$

Während die Sicherheitsregel insbesondere bei öffentlichen Bauten von Bedeutung ist, steht bei Wohnhäusern die Bequemlichkeitsregel häufig im Vordergrund. Hier zufolge soll der Wert für Auftritt minus Steigungshöhe in etwa 12 Zentimeter betragen.

$$A - S \sim 12$$

Die Einhaltung aller drei Regeln ist lediglich bei einem Steigungsverhältnis von 17/29 möglich. Heute bei Wohnhäusern verwendete Treppen verfügen über eine Steigung zwischen 24 und 45 Grad. Baurechtliche Regelungen finden sich in den Bauordnungen sowie in Deutschland in DIN 18065.

Innenraumanordnung

Aufgrund der Vielzahl zu berücksichtigender Kriterien fällt es schwer, Treppen in Gruppen zu unterteilen. Architektonisch von entscheidender Bedeutung ist ihre Lage im Raum und zum Raum: verläuft eine Treppe geschlossen zwischen Wänden und öffnet sich lediglich bei Antritt und Austritt? Steht sie einseitig frei, ermöglicht so Blickbeziehungen von der Treppe und auf die Treppe und hat Einfluss auf die Innenarchitektur mindestens eines Raums? Oder steht sie gar völlig frei im Raum, als Skulptur oder Raumteiler?

Da dieses Buch in erster Linie Anregungen zur Gestaltung von Treppen im architektonischen Gesamtkonzept geben soll, wurden die vorgestellten Projekte nach ebendieser Unterteilung sortiert. Auch hier war nicht immer eine ganz eindeutige Zuordnung möglich, zu vielschichtig ist manch individueller Treppenentwurf. Im Zweifelsfall wurde daher die Entscheidung der Eingruppierung auf die vordringlich wahrgenommene Korrespondenz mit dem Innenraum abgestellt.

Offen im Raum stehende Treppen

01

Das Kernstück des Hauses

Als zugleich klassischster wie modernster Entwurf sticht das markant grau gestrichene Haus aus der stilistischen Beliebigkeit der ihn umgebenden Neubauten hervor. Es wurde gleichsam um seine Treppe herum gebaut und ist im Inneren dreigeteilt: den mittleren Bereich bildet ein durchgängig über beide Vollgeschosse reichender einziger Raum. Er nimmt zum Garten hin einen luftigen Essplatz und in seinem rückwärtigen Teil die Erschließung mit der Treppe auf. Diese ist zugleich das Kernstück eines »Wegesystems« durch das gesamte Haus mit unterschiedlichsten Blickbezügen: Vom Fußpunkt der einläufigen Sichtbetontreppe bieten sich mehrere Blick- und Wegachsen: Hinter der raumhohen, rahmenlosen Glas-Treppenrückwand erkennt man den Essplatz, an ihn schließt offen die Küche im vorderen Drittel des Erdgeschosses an. Geradeaus führt der Weg in den Wohnbereich.

Als dritte Möglichkeit führt der Weg über die Treppe nach oben, wo man zunächst in die Schlafebene gelangt. Über eine galerieartige Brücke durch den Luftraum erreicht man den Elternbereich. Parallel zum unteren Treppenlauf führt von der Brücke aus ein weiterer unters Dach, wo der Hausherr unter einem Firstoberlicht dem Billardspiel frönt.

So schlicht die beiden Treppenläufe für sich genommen auch sind: für den Entwurf des Hauses sind sie von enormer Bedeutung.

SICHTBETON-TREPPE

Materialien

Treppenläufe Sichtbeton-Fertigteilläufe
Geländer Flachstahlgeländer

Maße

Steigungsmaß 18,75/24
Anzahl der Steigungen 16
Treppenbreite 1,00 m
Geschosshöhe 3,00 m

baurmann.dürr Architekten, Karlsruhe

Fotos: Autor

02 Schlafzimmertreppe

Im Zuge des Ausbaus von Dachgeschoss und Spitzboden zu einer Maisonette-Wohnung wurde auch der Zugang zur Dachterrasse neu organisiert. Sie ist über einen Vorraum zugänglich, der noch oberhalb der beiden Wohnebenen liegt. Unter ihm befindet sich der Schlafraum und so galt es, eine Treppenlösung zu finden, die eher skulptural wirkt und den Schlafbereich nicht zum »Treppenhaus« werden lässt. Da die komplette Raumumfassung einschließlich zahlreicher Einbaumöbel schon relativ »leicht« wirkt, durfte diese begehbare Skulptur andererseits nicht zu filigran ausfallen.

Es entstand eine Faltwerktreppe aus Holz, die die Materialität des Bodens aufnimmt. Einerseits gibt sie sich betont reduziert, andererseits regelrecht massiv. Ihr Geheimnis: eigentlich handelt es sich um eine Stahlkonstruktion, die außenseitig mit Eichendielen bekleidet wurde. Der skulpturale Charakter wurde zudem durch eine Viertelwendelung nach den drei untersten Stufen sowie durch die freie Stellung im Raum, losgelöst von der Wand, erreicht.

HOLZBEKLEIDETE STAHLTREPPE

Materialien

Unterkonstruktion Stahl-Rechteckhohlprofile 60/30/3 mm, an Treppenwangen Winkel 30/30/3 mm, eine Stahlstütze unter dem Podest als Schwingungsdämpfer

Holzbekleidung Massivholzdielen Eiche, 21 mm, geölt, Tritt- und Setzstufen auf Gehrung verleimt

Maße

Steigungsmaß 21/25

Anzahl der Steigungen 19

Treppenbreite 80 cm

Geschosshöhe 4,24 m

Nieberg Architect, Axel Nieberg, Hannover

Fotos: Architekt

04 Mehr Möbel als Treppe

Vom zweigeschossigen Wohnraum des frei stehenden Einfamilienhauses führt zunächst eine allseitig frei im Raum stehende, einläufige Sichtbetontreppe senkrecht auf die Galeriebrüstung zu. Im Abstand von einigen Metern wird sie in gleicher Lauflinie dann von einer ebenfalls einläufigen, jedoch in Holz ausgeführten Treppe ins Staffelgeschoss fortgesetzt. Sie endet inmitten eines Raumes, der als Ankleide fungiert und zugleich der Erschließung von Schlafzimmer und Bad dient.

An beiden Längsseiten des frei im Raum stehenden Treppenmöbels hat man Zugriff auf Schubladen und Schrankfächer unterhalb des Treppenlaufs. Was auf den ersten Blick wie ein heller Lauf zwischen zwei seitlichen Wänden wirkt, die mit ihrem dunklen Doussie-Holz einen schönen Kontrast dazu bilden, entpuppt sich bei näherem Hinsehen als höchst komplexe Möbelkonstruktion: Der Treppenlauf bildet hier tatsächlich die Oberseite des Möbels – im Unterschied zu anderen Fällen, bei denen ein Möbel unter einer statisch eigenständigen Treppe angeordnet wird. Die durchgängige Front der Auszüge und Türen geht nahtlos in die Oberfläche der seitlichen Begrenzungswände der Treppe über.

Ein klar gezeichneter Entwurf, bei dem die Gestaltung auf raffinierte Weise über die eigentliche Konstruktion hinwegtäuscht.

MÖBELTREPPE

Materialien

Treppenlauf Eiche massiv
Möbelkorpusse und Auszüge MDF-Platten, Eichenfurnier
Fronten der Seitenwände MDF-Platten, Furnier Räuchereiche, geölt

Maße

Steigungsmaß 19/28
Anzahl der Steigungen 16
Treppenbreite 0,90 m
Geschosshöhe 3,04 m

Heym/Lemp/Holzrausch, Forstern/München

Fotos: K + W Fotografie

05

Unscheinbar auffällig

Durchblicke und Ausblicke bestimmen das Ambiente: durch das Haus, in den Garten, zur Augsburger Altstadt. Das Erdgeschoss ist als durchgängiger Einraum konzipiert, der von der Garderobe über Küche und Essplatz bis zum Wohnbereich um ein kleines Atrium mit Wasserbassin mäandriert. Lediglich Einschnürungen im Grundriss und leichte Niveauversprünge zonieren dezent, weiße Flächen verstärken den Eindruck von Leichtigkeit und Offenheit, Natursteinboden und Holzoberflächen ergänzen das Bild um atmosphärisch warme Elemente.

Ungehinderter Durchblick, Leichtigkeit und Kontrast zur tendenziell kühlen Wirkung: all diese Charakteristika finden sich auch in der Treppe des Hauses. Als schlankes Stahlfaltwerk steht sie frei im Raum vor einer Glasfassade. Den Blick durch diese mindert sie kaum, bestenfalls lenkt sie durch ihre hohe Ästhetik von ihm ab. Die weiße Beschichtung wird ergänzt durch bündig eingelassene Auftrittsflächen aus Büffelleder; die leicht spitzen Winkel lassen das Faltwerk noch leichter, geradezu dynamisch wirken, die an Mikado-Stäbchen erinnernden Handlaufkonstruktionen den Entwurf endgültig zur begehbaren Skulptur werden.

SELBSTTRAGENDE STAHLFALTWERK-TREPPE

Materialien

Faltwerk durchgehend verschweißte, grundierte Stahltreppe, Zweikomponenten-Oberflächenbeschichtung, seidenmatt
Auftrittsflächen gegerbtes Büffelleder, verklebt

Maße

Steigungsmaß 18,5/25 (zzgl. 2 cm Untertritt)
Anzahl der Steigungen 18
Treppenbreite 96,5 cm
Geschosshöhe 3,33 m

SCHMID ARCHITEKTEN, Augsburg

Fotos: Szabolcs Sóti

06

Sorgfältig detaillierter Materialdreiklang

Ein Hanggrundstück über dem südlichen Westufer des Gardasees, eingebettet in einen Olivenhain, wunderbarer Weitblick – was liegt hier näher, als die Architektur des Hauses auf das Nötigste zu minimieren und den Blick als wesentlichen Bestandteil des Ambientes zu inszenieren?

Glattes Weiß, helles Ahornholz und Glas: Auf diese Oberflächen beschränkt sich die sichtbare Material- und Farbpalette des Hauses. Genau diese drei Elemente finden sich auch bei der Treppe, die als freistehendes Faltwerk Essplatz und Wohnbereich voneinander abgrenzt. Ihre Schrägstellung im Raum ist durch die Sichtachse zum Gardasee bestimmt.

Wie ein klassischer Läufer überzieht der aus quer zur Laufrichtung gefügten Ahorn-Dielen gefertigte Belag das weiße, massive Faltwerk. Sorgfältige Details wie die Schattenfuge zwischen Tragkonstruktion und Holzbelag oder die auf Gehrung gefügten Kanten bestimmen die Ästhetik. Im oberen Bereich findet sich eine Absturzsicherung aus Glas, die die formale Klarheit nicht beeinträchtigt. Ihre Unterkante verläuft parallel zur Treppensteigung, oberseitig ragt sie als umlaufende Brüstung aus dem Treppendurchbruch heraus.

BETON-STAHL-VERBUND-TREPPE

Materialien

Tragkonstruktion Flachstahlwangen 135 x 12 mm, weiß lackiert, mit Bewehrungseisen verschweißt, ausbetoniert, unterseitig gespachtelt, gestrichen
Stufen Kanadischer Ahorn, 3 cm, aus Dielen gefügt, Kanten auf Gehrung, weiß pigmentiert geölt
Absturzsicherung Einscheiben-Sicherheitsglas, durch Flachstähle der Geschoßdecke gehalten, nach unten und oben auskragend
Handlauf Kanadischer Ahorn, 3 x 3 cm, auf Edelstahlkonsolen im Glas befestigt

brandl architekten, Regensburg

Fotos: Herbert Stolz

Maße

Steigungsmaß 18,6 / 25,9
Anzahl der Steigungen 17
Treppenbreite 80 cm
Geschosshöhe 3,16 m

07

Schlaftreppe

Immer wieder werden im Zuge der Renovierung von alten Gebäuden vorhandene Bauteile mit Patina einer durchgängigen Runderneuerung geopfert. Wie sich dagegen der Charme des Alten sympathisch, kostengünstig und funktional bewahren lässt, zeigt dieses norddeutsche Siedlungshaus mit Backsteinfassade. Erhaltenswerter Bestand wurde hier mit modernen Elementen kombiniert, so auch bei den Treppen.

Zunächst fällt die belassene Holztreppe aus der Erbauungszeit gleich neben dem Eingang ins Auge: sie wurde abgeschliffen und geölt, diverse Lackreste erzählen von ihrer Geschichte. Ergänzt wird sie durch eine modern gestalte Massivholz-Leitertreppe, die in den Spitzboden führt, wo im Zuge der Modernisierung der Schlafbereich der Eltern untergebracht wurde. Ihr plattenförmiges Geländer setzt sich an ihrem oberen Ende beidseitig als Brüstung fort und fasst somit einen Deckendurchbruch, über den der Spitzboden galerieartig an das Obergeschoss angeschlossen wurde. Die Stehhöhe des neuen Schlafraums begrenzt sich auf eine schmale Zone unterhalb des Firsts; als Ersatz für einen Kleiderschrank dienen halbhohe Regale und Kleiderstangen entlang der Dachschräge.

HOLZ-BRÜSTUNGSWANGEN-TREPPE

Materialien

Fichte-Dreischichtplatten, 22 mm, weiße Öllasur

Maße

Steigungsmaß 25/17 (zzgl. 3 cm Untertritt)

Anzahl der Steigungen 11

Treppenbreite ca. 0,80 m

Geschosshöhe 2,75 m

Mißfeldt Kraß Architekten, Lübeck

Fotos: Autor

EINLÄUFIGE STAHLTREPPE EINGANGSGESCHOSS-DACHGESCHOSS

Materialien

Treppenlauf Stahl, weiß lackiert

Geländer Stahl, weiß lackiert

Maße

Steigungsmaß 18,2/26,1

Anzahl der Steigungen 16

Treppenbreite ca. 1,00 m

Geschosshöhe 2,91 m

09

Onduliertes Stahlfaltwerk

In gestalterischer Hinsicht findet man bei Wendel- und Spindeltreppen meist eins von zwei Extremen vor: entweder sie halten sich betont zurück oder sie stehen als markante Skulptur frei im Raum. Die zweite Variante wurde auch beim Umbau eines historischen, herrschaftlichen Wohnhauses gewählt.

Betont schlicht – und gerade deshalb besonders auffällig – fielen Materialwahl und Konstruktion aus: sämtliche Elemente wurden aus rohem, gewachstem Stahlblech gefertigt. Um die Mittelstütze windet sich ein Faltwerk aus diesem Material. Ihre optische Massivität erhielt die Treppe durch ein äußeres Brüstungsgeländer, das sich ebenso flächig-geschlossen gibt und sich im oberen Geschoss als Brüstung um das Treppenauge fortsetzt.

STAHL-SPINDELTREPPE

Materialien

Gesamte Treppe Homogen in rohem, gewachstem Stahl

Maße

Steigungsmaß 17,9/27

Anzahl der Steigungen 20

Treppendurchmesser ca. 2,20 m

Länge ca. 1,00 m

Geschosshöhe 3,58 m

Berschneider+Berschneider, Pilsach

Fotos: Erich Spahn

10

Bäckertreppe

Ein typisches Aachener Hinterhaus aus der Gründerzeit: Wo sich früher die Backstube einer Bäckerei im Vorderhaus befand, sollte nun eine loftartige Wohnung entstehen. Hierzu wurde der Ziegelbau komplett entkernt und ein neuer Innenausbau entworfen, der einem überdimensionalen Möbel gleicht. Dieses beinhaltet den Schlafraum, eine Leseecke sowie ein Bad. Anstelle von Wänden finden sich Holzregale, im Fall des Bads ergänzt um eine Schiebetür.

Als hätte man sie aus der Decke gezogen oder geklappt, findet sich im Eingangsbereich des Apartments eine erste Treppe. Sie führt zur unteren Ebene des »Ausbaumöbels« auf 2,80 Meter Geschosshöhe. Rückwärtig findet sich hier das Bad, geradezu geht es über eine Holzfaltwerktreppe weiter auf die Schlafebene auf 4 Meter Geschosshöhe. Gibt sich die Faltwerktreppe im Lauf geschlossen, seitlich hingegen dank eines Glasscheiben-Brüstungsgeländers optisch offen, so wurde dieses Prinzip bei der unteren Treppe umgedreht: Zwischen zwei völlig geschlossenen, unterseitig abgetreppten Seitenwänden aus Multiplexplatten in Birke, finden sich lediglich Trittstufen, während die nicht existenten Setzstufen den Blick vom Eingangsbereich zur Küchenzeile ermöglichen. Den Antritt der von oben herabhängenden Treppe bildet ein quadratisches Betonpodest, das aus der rohbelassenen Estrichbodenoberfläche zu wachsen scheint.

ZWEILÄUFIGE HOLZTREPPE: KASTENTREPPE (UNTERER LAUF) UND FALTWERKTREPPE (OBERE FORTFÜHRUNG)

Materialien

Komplette Konstruktion Birke Multiplex

Maße

Steigungsmaß 20/20
Treppenbreite 0,80 m
Anzahl der Steigungen Untere Treppe 13, obere Treppe 6; Antrittspodest
Geschosshöhe 2,80 m zuzüglich 1,20 m

Planungsbüro Kühn–Meurer–Danke, Michael Danke, Aachen

Fotos: Autor

12

Weiße Schraube

Die ebenso schlichte wie elegante Kombination aus weißen Oberflächen und Parkettböden, auf diese abgestimmte Holzelemente wie Fensterrahmen sowie einzelne graue oder stahlfarbene Akzente bestimmen die Materialität einer modernen Satteldachvilla bei München. Dieses Entwurfskonzept wurde bei der Treppe fortgeführt: Als weiß lackierte Stahlspindel windet sie sich als elegante Skulptur bis unters Dach mit vollverglastem Giebel.

Die Stufen und Podeste wurden mit hochbeanspruchbarem massivem Eichenholz belegt, das auch ästhetisch einen angenehmen Kontrast bildet. Der auf die geschlossene weiße Stahlbrüstung aufgesetzte Handlauf aus Edelstahlrundrohr betont als lineares Element die Dynamik der sich durchs Haus ziehenden Spindel. Im Unterschied zu manch anderer, ansonsten ähnlicher Treppenlösung steht hier die Konstruktion nicht frei im Raum, sondern wird von einer halb umgreifenden Rückwand auf kreissegmentförmigem Grundriss rahmenartig gefasst.

STAHL-SPINDELTREPPE MIT HOLZ-TRITTSTUFEN

Materialien

Tragende Konstruktion mit Mittelstütze, Faltwerk aus Tritt- und Setzstufen sowie Brüstung Stahl, weiß lackiert
Belag der Trittstufen und Podeste Massivholz
Treppenlauf Edelstahlrundrohr

Maße

Steigungsmaß 17,9/28
Anzahl der Steigungen 16 bzw. 17
Treppendurchmesser 2,26 m
Geschosshöhe je ca. 3,00 m

Stuart Stadler Architekten, München

Fotos: Ulrich Grohs

14

Eine dezente Erschließung

Gleich zwei für Spindeltreppen prädestinierte Entwurfssituationen zeigt diese schlanke Stahlkonstruktion. An der Schnittstelle von Wohnbereich, Essplatz und Eingangszone eines Bungalows randständig angeordnet, verbindet sie das Hauptgeschoss des Hauses mit zwei Nebenbereichen: dem als Hanggeschoss ausgebildeten Untergeschoss und der oberhalb eines offenen Arbeitsraums angeordneten Galerie.

Während sich im Untergeschoss die Garage und beruflich genutzte Nebenräume befinden, dient die Galerie als intim gehaltene Erweiterung des Wohnraums – beiden Geschossen wäre also eine raumgreifende geradläufige Treppe innerhalb des offenen Grundrisses nicht angemessen gewesen. Ein separiertes Treppenhaus hingegen hätte dem Wunsch nach kurzen Wegen entgegengestanden. Die gewählte Spindeltreppe erfüllt diesen Wunsch nun auf äußerst dezente Weise.

STAHL-SPINDELTREPPE

Materialien

Treppenlauf Stahlblech, 8 mm
Mittelstütze Stahl, Durchmesser 139 mm
Geländer Stahlrundrohr, 20 mm
Anstrich Eisenglimmerfarbe

Maße

Steigungsmaß 18/26
Anzahl der Steigungen 30
Treppenbreite 0,75 m
Geschosshöhe 2,88 m (UG–EG)

Hans Kneidl, Weiden

Fotos: Autor

15 Klassisch modern, herrschaftlich historisch

Die Architektur des Hauses erinnert in vielen Punkten an die Klassische Moderne. Doch während bei deren Entwürfen die Treppen selbst bei noblen Villen meist bescheiden ausfielen, greift dieses Wohnhaus, das für eine Familie immerhin 560 Quadratmeter Wohnfläche bietet, in diesem Punkt die Architektur ähnlich großzügiger, historisch-herrschaftlicher Gebäude auf, interpretiert sie jedoch modern und verzichtet etwa auf die bei historischen Beispielen meist anzutreffende Symmetrie des Eingangs- und Treppenraums.

So wird das Innere hier geprägt von den über Eck zueinander liegenden, zweigeschossigen Entree- und Essbereichen sowie von der dazwischen angeordneten Treppe, die puristisch, massiv und elegant zugleich wie eine Skulptur im Raum steht und im ersten Obergeschoss ihre Ausläufer zur Erschließung des Geschosses ausbreitet. Sie ist zentraler Bestandteil eines Raumkontinuums über vier Ebenen und nimmt als dreiläufige Podesttreppe eines über alle Geschosse reichenden Luftraums die Grundfläche eines mittelgroßen Schlafzimmers ein.

DREILÄUFIGE PODESTTREPPE

Materialien

Treppenlauf Stahlbeton
Tritt- und Setzstufen Eiche massiv, 4 cm, Klarlackbeschichtung
Brüstungsgeländer Gipskarton auf Stahlunterkonstruktion

Maße

Grundfläche 4,00 x 3,30 m
Steigungsmaß 18,5/28
Anzahl der Steigungen 15 (UG–EG) bzw. 19 (EG–OG) bzw. 17 (OG–DG)
Treppenlaufbreite 1,00 m
Geschosshöhe 2,78 m (UG) bzw. 3,52 m (EG) bzw. 3,15 m (OG)

Hellriegel-Architekten, Köln

Fotos: Ralf Rautenberg

16 Die Detaillierung macht's!

Das Haus selbst mit Zeltwalmdach und Lochfassade, die Innentreppe als Stahlwangen-Konstruktion mit Eichentrittstufen, Holzhandlauf und ringsum einer Stahlbrüstung – was nach »08/15« klingt, ist dies hier keineswegs!

Die Ausführung im Detail ist auch hier entscheidend. Bezogen auf die Treppe bedeutet dies: umlaufende Schattenfugen zwischen den grau lackierten Wangen und den auf Flansche geschobenen, blockhaften Holzstufen; Stirnseitenbekleidung der Decken im Treppenauge mit demselben grau lackierten Stahlblech, aus dem Wangen und Brüstungen gefertigt wurden; davor gesetzt die proportional stimmigen, schlichten Brüstungen; der Handlauf als Kantholz mit quadratischem Querschnitt aufgesetzt auf ein aus der Wand ragendes, weiß lackiertes Stahlblech. Im Erdgeschoss trennt ein dreiviertel hohes Schuhregal den Treppenlauf optisch ein wenig vom Raum ab, verschmilzt jedoch zugleich entwurflich mit der Treppe.

EINLÄUFIGE STAHLWANGEN-TREPPE MIT HOLZSTUFEN

Materialien

Wangen Stahlblech, grau lackiert
Stufen Eiche
Handlauf Stahlblech, weiß lackiert; Eiche
Brüstung Stahlblech, grau lackiert

Maße

Steigungsmaß 18,1/26
Anzahl der Steigungen 17
Treppenbreite 0,84 m
Geschosshöhe 3,06 m

Berschneider+Berschneider, Pilsach

Fotos: Erich Spahn

17 Im Zentrum der Windmühle

In der Gesamtansicht ein Kubus, im Grundriss wie die Flügel einer Windmühle, im Zentrum die alle drei Ebenen verbindende Treppe. Genauer gesagt: übereinander liegende Deckendurchbrüche, die dank eines Oberlichtes im Flachdach des in Stahlskelettbauweise erstellten Hauses Tageslicht zum Innenbereich aller Geschosse durchdringen lassen. Die Treppe selbst ist eine trotz Massivholzstufen transparente Konstruktion, deren Mittelholm als Stahlquadratrohr die tragenden Elemente des Hauses aufgreift. Auch das Geländer wurde äußerst filigran in Stahl gefertigt: zwischen Stützen und Handlauf aus Rundrohren gewährleisten gespannte Stahlseile die Sicherheit.

Um die Treppe legen sich die Erschließungsbereiche der Ebenen, an die – mal mehr, mal weniger offen – die Räume angegliedert wurden.

GEGENLÄUFIGE STAHL-MITTELHOLMTREPPE

Materialien

Treppenholm Stahlhohlprofil, 70 x 70 mm, lackiert
Stufen Holzdielen
Geländer Edelstahlseile
Handlauf Edelstahlrundrohr
Brüstung 2. OG Glas

Maße

Steigungsmaß 19,3/27
Anzahl der Steigungen 2-mal 7 zuzüglich Mittelpodest
Treppenlaufbreite 1,00 m
Geschosshöhe 2,90 m

Ingo Bucher-Beholz, Gaienhofen

Fotos: Bauherr (2), Architekt (1)

18 Treppe mit Lidschatten

Es sind oft die gestalterischen Feinheiten, die das große Ganze betonen – in diesem Fall ein filigraner Holzhandlauf. Doch der Reihe nach: Puristisch, dabei aber alles andere als unscheinbar, fiel bei diesem großzügigen Einfamilienhaus die Wahl der Materialien im Inneren aus, angefangen beim markanten Spachtelboden, der sich durch das ganze Haus zieht, lediglich ergänzt durch Parkett in den Schlafräumen. Wände und Deckenuntersichten wurden weiß gestrichen, farbige Akzente nur sehr zurückhaltend gesetzt.

Komplett in gewachstem Stahl gefertigt wurde die Innentreppe, getragen von zwei flächigen, schlanken Wangen. Während die unweit der Glasfassade geführte äußere Wange sich in ihrer Höhe auf das statisch Notwendige beschränkt, bildet eine in ihrer Großflächigkeit fast schon monströse Wange, die zugleich als Brüstung und Geländer dient, den Abschluss zum Raum hin. Oberseitig aufgeklemmt findet sich der erwähnte Holzhandlauf – so schlank, dass er gegenüber der Wange nicht weiter auffiele, stünde sein Material nicht in deutlichem Kontrast zu jenem der übrigen Bauteile der Treppe. Doch so scheint er diese wie ein Lidschatten zu betonen.

STAHLWANGENTREPPE, EINSEITIG BRÜSTUNGSWANGE

Materialien

Gesamte Treppe Homogen in rohem, gewachstem Stahl
Handlauf Eichenholz

Maße

Steigungsmaß 17,9/27 zuzüglich 3 cm Untertritt
Anzahl der Steigungen 18
Treppenbreite ca. 1,00 m
Geschosshöhe 3,22 m

Berschneider+Berschneider, Pilsach

Fotos: Erich Spahn

19

Aufwärts ohne Unterbrechungen

Vieles ist unkonventionell und unerwartet an diesem faszinierenden Wohnhaus. Neben den ungewöhnlichen Innenraumproportionen mit einem 6 Meter hohen Galerieraum über dem Essplatz auch die Proportionen der Kubatur: bei einer Länge von knapp 21 Metern beträgt die Breite nur gut 6 Meter, wodurch die zweiseitige Belichtung der Wohnräume ermöglicht wurde.

Besonders ungewöhnlich jedoch die beiden Treppen: So werden Wohn- und Essbereich über eine raffinierte, einläufige Treppe verbunden. An- und Austritt eingerechnet, durchzieht sie die gesamte Breite des Baukörpers und zoniert in Verbindung mit einem als Brüstungsmöbel ausgebildeten Sideboard den Essplatz und den Wohnraum, der etwa eine halbe Geschosshöhe tiefer liegt. Diese beiden Ebenen verbindet sie recht breit und mit flacher Steigung, um auf halber Breite ohne Zwischenpodest ins Untergeschoss weiterzuführen.

philipp architekten, Anna Philipp, Untermünkheim

Fotos: Oliver Schuster

EINLÄUFIGE STAHLTREPPE MIT AUSTRITTSPODEST

Materialien

Treppenlauf Stahl, weiß lackiert

Geländer Stahl, weiß lackiert

Maße

Steigungsmaß 16/32

Anzahl der Steigungen 17

Treppenbreite 0,95–1,50 m

Geschosshöhe 2,72 m

20

Epochenverbindend

Der einstige Hof zwischen einem Siedlungshaus und der zugehörigen Scheune wurde überdacht und als neuer Wohnraum Bestandteil des Hauses. Der so entstandene Raum findet sich nach wie vor auf dem Niveau des Gartens und geht in eine teilweise überdachte Terrasse über. Über einen Durchbruch der ehemaligen Außenwand auf ganzer Hausbreite öffnet er sich heute zum neu gestalteten, offenen Raumkonzept des Erdgeschosses mit Küche, Essplatz und Musikzimmer, typisch bauzeitlich ein halbes Geschoss oberhalb des Grundstücksniveaus gelegen.

Zur Überwindung des Höhenunterschieds von gut 1 Meter setzten die Architekten parallel zum Ebenenversprung eine Treppe, die mit ihren Eichenholzstufen den Bodenbelag beider Ebenen fortführt und verbindet. In Aufwärtsrichtung führt sie auf ein bodentiefes Fenster zu, zum neuen Wohnraum hin wird sie begrenzt von einem Regal, dessen Oberseite in drei großen Stufen parallel zum Treppenverlauf abgetreppt ist. Auch wenn es die Treppe in der Höhe kaum überragt, übernimmt es aufgrund seiner Tiefe die Funktion einer zumindest minimalen Absturzsicherung vor der niedrigen Treppe.

HOLZTREPPE MIT BRÜSTUNGSREGAL

Materialien

Tragende Konstruktion Holzholme
Stufen Französische Eiche, massiv
Brüstungsregal MDF-Platten, weiß lackiert
Handlauf Edelstahlrundrohr

Maße

Steigungsmaß 18,6/26
Anzahl der Steigungen 6
Treppenlaufbreite 0,85 m
Höhendifferenz 1,12 m

baurmann.dürr Architekten, Karlsruhe

Fotos: Autor

21

Kommodentreppe

Wirtschaftlich in Erstellung und Unterhalt, variabel nutzbar und sparsam im Energieverbrauch – wie ein solches Gebäude auch noch architektonisch anspruchsvoll zu realisieren ist, zeigt der Architekt dieses Doppelhauses bis ins Detail. Aufgrund diverser Vorteile sah der Entwurf eine Splitlevel-Lösung vor. Um den hausbreiten Wohnraum dennoch ohne die Einschnürung einer üblichen Treppe oder Umweg über die Haupttreppe des Hauses mit der großzügigen Essküche einige Stufen tiefer verbinden zu können, ordnete der Architekt hier eine Raumverbindung auf ganzer Breite der Küche an. Anstatt dazu die Stahlbetondecke aufwendig abzustufen, wurde die Holztreppe wie eine Kommode auf die gerade durchgezogene Decke gestellt – theoretisch jederzeit wegnehmbar.

Geschickt genutzt wurde der Zwickel zwischen Decke und Treppenlauf: die Setzstufen dienen zugleich als Front großer Schubladen, deren Tiefe entsprechend der sich nach oben verjüngenden Treppentiefe variiert. Somit fungiert die Treppe auch ganz praktisch-funktional als eine Art Kommode.

KOMMODENTREPPE

Materialien

Gesamte Treppe Doussie-Massivholz, klar lackiert

Maße

Steigungsmaß 18 / 22,5

Anzahl der Steigungen 5

Treppenbreite 3,34 m

Klaus Beslmüller, Grafing

Fotos: Autor

Einseitig offene Treppen

22 Leichte Massivität

Für ihr Grundstück im oberen Teil eines kleinen Orts im Allgäu wünschte sich die vierköpfige Familie ein großzügiges Wohnhaus in moderner Architektur, das sich zum grandiosen Alpenpanorama hin öffnet. Das Haus folgt als Stapelung unterschiedlicher Kuben auf drei Ebenen der vorgefunden Topografie, um aufwändige Eingriffe in den felsigen Grund soweit wie möglich zu vermeiden. Im Untergeschoss findet sich – neben der Doppelgarage und den Kellerräumen – auch der Hauszugang samt zweigeschossigem Entree. Dieser Eingangsbereich wird von der den gesamten Raum durchziehenden, breiten Treppe in Eiche geprägt, deren geschlossene Brüstung mit der Galeriebrüstung im Obergeschoss und der darunter nahtlos anschließenden Front des Garderobenschranks eine Einheit bildet. Kreisrunde Eingrifflöcher dienen zum Aufziehen der Schranktüren. Im Obergeschoss, entlang des Gangs von der Galerie zur Toilette, wurde ein identisch gestalteter Schrank angeordnet.

Die mit Starkholz-Furnier versehenen Dreischichtplatten der Schrankfronten und Brüstungen unterscheiden sich optisch nicht von den Eiche-Massivholzplatten, aus denen die Stufen gefertigt wurden. Angetreten wird die Verbindung ins Obergeschoss allerdings über drei Stufen und ein Podest in Sichtbeton, die Holzkonstruktion beginnt nach einer Drehung um neunzig Grad. Durch die geschlossene Brüstung einerseits und den Verzicht auf Setzstufen andererseits wirkt die Treppe je nach Blickwinkel entweder extrem massiv oder äußerst leicht – ein spannender Kontrast!

BRÜSTUNGSWANGEN-TREPPE

Materialien

Stufen: Eiche-Massivholz, 5 cm (erste drei Stufen und Podest: Sichtbeton)

Brüstungen Dreischichtplatten, 4 cm, Eiche-Starkfurnier

Maße

Steigungsmaß 17,2 / 30

Anzahl der Steigungen 16

Treppenbreite ca. 1,20 m

Geschosshöhe 2,75m

architektur + raum, Thorsten Leekes, Kempten

Fotos: Hermann Rupp

23

Schwebende Flügel

Das luftig-filigrane Wohn- und Atelierhaus in der Schweiz berührt den Hang unter ihm nur an wenigen Punkten, tippelt scheinbar leichtfüßig über ihn hinweg. Ermöglicht wird dies durch eine auch von der Ästhetik her bestens passende Skelettkonstruktion aus Stahl und Holz. Die grazil, fast schon zerbrechlich wirkenden Stützen, die das Gebäude punktförmig tragen, entwickeln sich dabei schlichtweg aus der Tragkonstruktion des Hauses heraus nach unten weiter.

Die Konstruktion der Treppe zwischen den beiden versetzt angeordneten Geschossen fiel so leicht und filigran aus wie das gesamte Gebäude: weiß lackierte Stahlstufen schweben scheinbar vor der Wand, nur einseitig an dieser befestigt. Auf Setzstufen wurde ebenso verzichtet wie auf ein Geländer – gestalterisch einmalig elegant, doch wer nicht schwindelfrei ist, wird sich schnell an den Handlauf entlang der Wand klammern.

Nochmals betont wird die optische Leichtigkeit der Treppe durch den Bodenbelag aus massiven Eichenholz-Lamellen in den Räumen selbst, auch bekannt als Industrieparkett. Im Zusammenspiel mit der durch die großen Glasflächen im Haus allseits präsenten, umliegenden Natur sorgt er für ein ausgleichendes Maß atmosphärischer Wärme im ansonsten bewusst puristisch-kühl gehaltenen Ambiente.

STAHL-KRAGSTUFEN-TREPPE

Materialien
Stahlstufen, lackiert

Maße
Steigungsmaß 18,7/26
Anzahl der Steigungen 15
Treppenbreite 0,80 m
Geschosshöhe 2,80 m

Ingo Bucher-Beholz, Gaienhofen

Fotos: Autor

24 Filigran & komfortabel

Ein barrierefrei zu bewohnender Alterswohnsitz war gewünscht, modern geplant, jedoch nicht zu puristisch, in heller, luftiger Bauweise. Alle wichtigen Wohnfunktionen finden sich auf einer Ebene; dennoch spielt die Treppe eine wichtige Rolle.
Das Erdgeschoss reicht im Wohnbereich bis unters flache Satteldach, über der anderen Hälfte der Grundfläche entstand eine durchgängige Galerie. Im Untergeschoss wurden zwei größere Räume gewünscht: ein Gästezimmer sowie ein vielseitig nutzbarer Lager- und Hobbyraum mit kleiner Werkstatt.
Hobbyraum und Gästezimmer werden durch eine Sichtbetonwand getrennt, die sich bis zum Bodenniveau der Galerie vertikal durchs gesamte Haus zieht. An ihr führt eine schlichte, einläufige Holztreppe vom Untergeschoss ins Erdgeschoss, von wo aus sie als fast schon schwebende, auf der anderen Seite der Mauer an Seilen abgehängte Treppenkonstruktion aus Einzelstufen zur Galerie fortgesetzt wird. Das an der Betonwand befestigte Holzgeländer findet sich in der Seilabhängung als waagerechte Stabilisierungsleiste wieder. So zeigt dieses Beispiel, dass sich Filigranität, Komfort und Sicherheit bei Treppen nicht ausschließen müssen.
Wand und Treppe zonieren das Erdgeschoss dezent in den Eingangs- und Erschließungsbereich und den sich darum über Eck angrenzenden Wohnbereich.

EINSEITIG HÄNGENDE TREPPE

Materialien

Stufen Bergahorn
Abhängung Stahlstäbe

Maße

Steigungsmaß 14/24,5
Anzahl der Steigungen 14
Treppenbreite 0,92 m
Geschosshöhe 2,48 m

GLS Architekten, Nik Liechti, Biel (CH)

Fotos: Autor

26 Historisch-moderne Kleidertreppe

Bei der Sanierung eines Münchner Stadthauses setzten die Architekten ganz bewusst auf den Kontrast zwischen historischen und modernen Elementen. Unter dem Dach findet sich heute der Elternschlafbereich, der ehemalige Spitzboden wurde als Empore gestaltet. Fast ein wenig skandinavisch muten diese Räume nun an: die alten Holzdielen konnten aufgearbeitet werden, darüber findet sich ausschließlich Weiß: weiße Wände, weiße Kassettentüren, weiße Dachbalken und ein weißes Emporengeländer. Komplettiert wird dieses Ensemble durch ebenso dezentes wie markantes Einbaumobiliar. Vor der großen, auch oberseitig verglasten Gaube findet sich ein durchlaufendes Sideboard, das über Eck in ein Treppenmöbel mit breitem Antrittspodest übergeht – selbstverständlich alles in Weiß.

Hinter vier bodentiefen Türen mit Drucköffnungsbeschlägen verbirgt sich ein weißer Kleiderschrank mit Fachböden und Kleiderstangen. Er wurde auch im Inneren weitgehend in Weiß gehalten, lediglich die Kanten der Böden wurden mit Holzanleimern versehen. Die Oberseite des Schranks bildet eine steile, geländerlose Treppe zur Galerie. Die klassische Ausgestaltung der Stufen mit Untertritten passt bestens zum historischen Charakter des Hauses.

SCHRANKTREPPE

Materialien

MDF-Platten; Oberfläche: weiß lackiert;
Innenoberflächen: Schichtstoff weiß

Maße

Steigungsmaß 21,6/23
Anzahl der Steigungen 14 (inkl. Podest)
Treppenbreite ca. 1,00 m
Geschosshöhe 3,03 m

Stuart Stadler Architekten, München

Fotos: Ulrich Grohs

27

Scheinbar monolithisch

Durch leichtes Ineinanderschieben dreier Kuben und Variation der Höhen entstand ein harmonisch gegliedertes, dreiflügliges Wohnhaus, das sich um einen zur südlichen Grundstücksseite orientierten Terrassenhof legt. Der Zugang zum Hof erfolgt über den mittleren Teil des Hauses, der zur Hälfte von einer imposanten, zweigeschossigen Eingangshalle eingenommen wird. Sie wird dominiert von der ebenso massiv wie leicht wirkenden Treppe mit einseitig eingespannten Kragstufen, aus denen sich auf dem Boden des Erdgeschosses eine markant breite, niedrige Umrandung entwickelt.

Alle Bodenflächen im Haus bestehen aus Hartstoffestrich und so sollten auch die Treppenstufen diese Oberfläche aufweisen – rundum! In die Schalung der angrenzenden, heute weiß verputzten Betonwand wurden hierzu Anschraubbewehrungen eingebaut. Sie wurden von ebenfalls aus Hartstoffestrich gegossenen Schalen umfasst und mit Ortbeton bis etwa vier Millimeter unterhalb der späteren Oberfläche ausgegossen. Nach oberseitigem Ergänzen des Estrichs ergab sich das Bild der scheinbar monolithischen Stufen.

ORTBETON-KRAGSTUFEN-TREPPE

Materialien

Stufen und Umrandung Ortbeton, umhüllt von Hartstoffestrich

Handlauf Edelstahl, scharfkantig, gebürstet

Maße

Steigungsmaß 18,5/29

Anzahl der Steigungen 17

Treppenbreite ca. 0,98 m

Geschosshöhe 3,15 m

DÖRING DAHMEN JOERESSEN ARCHITEKTEN, Düsseldorf

Fotos: Manos Meisen

28

Monolithische Schwere und schwebende Leichtigkeit

Nur eine kleine Hülle, die sich selbst weitestmöglich zurücknimmt, das Haus von der unmittelbar vorbeiführenden Straße abschottet und den angrenzenden Wald möglichst intensiv Einfluss auf das Ambiente der Innenräume nehmen lässt: Aus dieser Vorgabe entstand ein dreiseitig komplett geschlossener Monolith in Form eines archetypischen Hauses. Vollständig in Schwarz gehalten, berührt er den Hang nur leicht mit seiner hinteren Längskante. Er scheint aufgelegt zu sein auf eine weiße, flache Kiste, die etwas weiter unten am Hang steht, zu dieser gedreht und somit überkragend, sich durch sein Gewicht leicht in sie eindrückend. Auch die weiße Kiste wirkt weitgehend geschlossen. Beide Baukörper wurden jedoch an ihren talseitigen Fassaden auf ganzer Breite und raumhoch verglast, so dass sich die Innenräume bis in die Tiefen des Waldes hinein fortzusetzen scheinen.

Diese Verbindung aus monolithischer Schwere und schwebender Leichtigkeit findet sich auch bei der Treppe: die beiden unteren Stufen bildet ein anthrazitfarbenes Podest auf trapezförmiger Grundfläche. Nach einer Drehung um 135 Grad geht es weiter über frei aus der Wand kragende Eichenholzstufen. LED-Leisten an ihrer Unterseite erhöhen die Sicherheit und verstärken das schwebende Erscheinungsbild.

TREPPE MIT MATERIALWECHSEL

Materialien

Schwarzes Podest MDF, durchgefärbt
Freitragende Stufen Eiche-Massivholzstufen, geölt auf Flachstahlschwertern

Maße

Steigungsmaß 17,2/27,4; 19,6/25
Anzahl der Steigungen 16
Treppenbreite ca. 1,00 m; 0,95 m
Geschosshöhe 2,75 m; 3,14 m

fabi Architekten, Regensburg

Fotos: Herbert Stolz

30 Doppelt gefaltet

Im Rahmen der Neugestaltung einer Dachgeschosswohnung wurde in den hoch aufragenden Raum eine kleine Galerie, gleichsam ein partieller Spitzboden, eingezogen. Mit Blickbeziehung zu Ess- und Wohnraum, finden sich hier ein halbwegs ruhiger Arbeitsplatz und ein Rückzugs- und Schlafbereich für Gäste in einem. Auf die Großzügigkeit des Ambientes hat die Galerie keinen Einfluss, vielmehr optimiert sie die Proportionen.

So dezent wie die neue Ebene ist ihre Erschließung, eine Raumspartreppe in Stahl, als zweifaches, versetzt angeordnetes Faltwerk eine zierende Skulptur, die die Luftigkeit der Räume nicht mindert. Dies umso mehr, als sie unter der Galerie platziert wurde und diese durch einen Deckendurchbruch erschließt und nicht etwa von vorne, über eine Aussparung in der Brüstung. Ein schlichtes Vierkantholz begleitet den Aufstieg und beruhigt die spannungsvolle Wirkung des doppelten Faltwerks.

STAHL-RAUMSPAR-TREPPE

Materialien

Stahlblech, 10 mm, Oberfläche geölt

Maße

Steigungsmaß 17,2/27,4; 18,9/26,2

Anzahl der Steigungen 16; 14

Treppenbreite ca. 1,00 m; 0,66 m

Geschosshöhe 2,75 m; 2,64 m

raumkontor, Düsseldorf

Fotos: Hans Jürgen Landes

31

13 mal 6 Treppenläufe

Selbst hochwertigen Reihenhaus-Anlagen, die bauträgerartig vermarktet werden, fehlt häufig die entwurfliche Qualität im Detail. Ein überzeugendes Beispiel für intelligent durchdachte Details liefert hingegen die hier vorgestellte Anlage mit 13 Stadthäusern in Köln. Die Treppen machen dabei keine Ausnahme, auch wenn das Ziel in der Konstruktion einer möglichst platzsparenden, kostengünstig vorzufertigenden Lösung bestand – immerhin gibt es pro Haus sechs Treppenläufe, denn Baugrundstücke sind in Köln hochpreisig, und so wurden die großzügigen, knapp 200 Quadratmeter Wohnfläche jedes der Häuser auf vier Ebenen verteilt.

Doch auch hoher gestalterischer Anspruch stand auf dem Vorgabenblatt für die innenliegende Vertikalverbindung sowie die Möglichkeit individueller Akzentsetzung durch die 13 Hauskäufer.

So entstand eine leicht wirkende Treppenkonstruktion aus Flachstahl mit individuell wählbaren Stufenbelägen aus verschiedenen Hölzern, die für die insgesamt vier Läufe vom Eingangsgeschoss über das erste Obergeschoss bis zum Dachgeschoss Verwendung fand.

Der unterste Teil der Treppenanlage, dreiseitig eingemauert, wurde hingegen als konventionelle Stahlbetonkonstruktion ausgeführt.

GEGENLÄUFIGE STAHLWANGEN-TREPPE MIT HOLZSTUFEN

Materialien oberer Teil (Eingangs- bis Dachgeschoss)

Stufen Flachstahl, belegt mit Mehrschichtplatten in Buche oder Eiche nach Wahl

Wangen Flachstahl, 10 x 200 mm

Geländer Flachstahl, 40 x 10 mm, seitlich an Wangen geschweißt

Handlauf Stahlrundrohr, 10 mm, lackiert

Materialien unterer Teil (Garten- bis Eingangsgeschoss)

Treppenlauf: Stahlbeton

Belag: Naturstein oder Holz nach Wahl

Maße

Steigungsmaß 19/27

Anzahl der Steigungen 3-mal 15

Treppenlaufbreite 1,00 m

Geschosshöhe 2,85 m

Hellriegel-Architekten, Köln

Fotos: Autor

32

Surrealer Kontrast

Vom Kontrast der Verbindung eines frei im Raum stehenden Treppenlaufs mit einem bewusst eingehausten Lauf lebt dieser Treppenentwurf für ein villenartiges Wohnhaus. Die Treppe ins Obergeschoss entwickelt sich zunächst als allseitig frei stehender Solitär in der Mitte der Eingangshalle. Als seitliche Begrenzung dient ein blickoffenes Geländer aus Stahl. Über ein Oberlicht, das exakt das Treppenauge überdeckt, wird der Lauf dosiert erhellt.

Der zunächst parallel gegenläufige, später über ein Zwischenpodest abknickende Treppenlauf ins Dachgeschoss wird zwischen seitlich durchgängig geschlossenen Wänden nach oben geführt, wo sich die Einhausung zum Licht hin öffnet. Unterseitig und seitlich gibt sich die Einhausung durch die ebenfalls treppenförmig ausgebildete Unterseite des Stahlbetonlaufs zu erkennen und vermittelt auf den ersten Blick den surrealen Eindruck einer über Kopf hängenden Treppe.

EINLÄUFIGE HOLZTREPPE MIT ZWEILÄUFIGEM TREPPENKASTEN: OBERER TEIL DER TREPPE

Materialien

Treppenlauf Stahlbeton
Tritt- und Setzstufen Eiche massiv, 4 cm, Klarlackbeschichtung
Brüstungsgeländer Gipskarton auf Stahlunterkonstruktion

Maße

Steigungsmaß 18,75/27
Anzahl der Steigungen 16
Treppenlaufbreite 1,00 m
Geschosshöhe 3,00 m

UNTERER TEIL DER TREPPE

Materialien

Treppenlauf Stahlbeton
Tritt- und Setzstufen Eiche massiv, 4 cm, geölt
Geländer Flachstahl, 50 x 20 mm

Maße

Steigungsmaß 18,4/27
Anzahl der Steigungen 18
Treppenbreite 1,20 m
Laufbreite 1,00 m
Geschosshöhe 3,31 m

Hellriegel-Architekten, Köln

Fotos: Ralf Rautenberg

33 Eine salomonisch-elegante Lösung

Nicht selten findet sich vor dem unteren Treppenantritt ein anderer Fußbodenbelag als vor dem oberen Treppenaustritt. Je nach gestalterischer Absicht gibt es unterschiedliche Möglichkeiten, hierauf einzugehen: Führt man in einem solchen Fall den Belag des einen Geschosses auf der Treppe fort, ordnet man sie diesem Geschoss zu – auch wenn dies meist nicht bewusst wahrgenommen wird und somit als sehr subtiles Gestaltungselement eingesetzt werden kann. So wird etwa ein Gast größere Hemmungen haben, ungebeten die Treppe ins Obergeschoss zu nehmen, wenn sie bereits dessen Bodenbelag trägt und dieser in deutlichem Kontrast zu dem des Erdgeschosses steht.

Einen ähnlichen Effekt können materiell von beiden Geschossen völlig unabhängige Treppen erzielen. Sie verdeutlichen besonders eindrücklich den Schnitt zwischen den Geschossen.

Eine salomonische – und zugleich besonders elegante – Lösung fand der Architekt für die Frage des Belags dieser Treppe: Scheinbar mit dem Feinsteinzeug-Belag des Erdgeschosses versehen, legt sich über diesen in der Art eines der einst so beliebten Treppenteppiche ein »Läufer« aus Nussbaumholz, dem Material des Parkettbodens im Obergeschoss. Auch wenn der scheinbar so locker aufliegende »Holzteppich« selbstverständlich unmittelbar mit dem tragenden Betontreppenlauf verklebt ist, gelang die Anmutung einer Treppe, die auch materiell beide Geschosse des Hauses verbindet.

GEGENLÄUFIGE VIERTELPODESTTREPPE MIT VIERTELWENDELUNG

Materialien

Treppenlauf Stahlbeton
Belag Geölter Nussbaum, Rand in Feinsteinzeug
Brüstung 2 Scheiben ESG, 2-mal 1 cm
Geländer Edelstahl

Maße

Steigungsmaß 17,5/28
Anzahl der Steigungen 16
Treppenbreite 1,18 m (unterer Lauf) bzw. 1,06 m (oberer Lauf)
Geschosshöhe 2,80 m

Ekkehard Schröer, Essen

Fotos: Peter Stockhausen

34 Die Leichtigkeit des Dachgeschosses

Die ursprünglichste Form »Haus«: formal und materiell reduziert, mit knappen Kanten, klaren Oberflächen und Texturen sowie minimalistischer Farbgebung als Neuinterpretation eines Bauernhauses im ländlichen Kontext.

Die Grundrisse teilen sich in Längsrichtung in einen breiteren Wohnbereich sowie den schmalen Erschließungs- und Sanitärbereich, in dem parallel zur Traufseite des Hauses die beiden einläufigen Treppen übereinander angeordnet wurden. Gibt sich die untere als massive Eichenkonstruktion recht »bodenständig« im Wortessinne, nimmt die obere die glatten, weißen Oberflächen von Decken und Wänden auf. Als filigranes Stahlfaltwerk, das in den offenen, von oben belichteten Dachraum führt, passt ihr Entwurf zur luftigen Leichtigkeit des Raums.

Besonders schlank konnte die Treppe durch ihre seitlich angeschweißte Wange gehalten werden, die man vor der ebenfalls weißen Wand allerdings optisch kaum wahrnimmt.

EINLÄUFIGE FALTWERKTREPPE MIT AUSTRITTSPODEST

Materialien

Treppenlauf Stahlblech, 5 mm dick, gekantet, weiß lackiert
Wange Stahlblech, 8 mm dick, weiß lackiert
Geländer Flachstahl, Glasplatten

Maße

Steigungsmaß 17,3/26
Anzahl der Steigungen 16
Treppenbreite ca. 0,95 m
Geschosshöhe 2,77 m

fabi architekten, Regensburg

Fotos: Herbert Stolz

35 Kontrastreiche Eleganz

Das Thema »Hanghaus mit Staffelgeschoss« wurde bei diesem Entwurf in der äußeren Form des Baukörpers auf unkonventionelle Weise aufgegriffen: ein weißer Kubus, dessen Pultdach die Neigung des Hangs aufgreift, darauf aufgeschoben oder – je nach Betrachtungsweise – in diesen hineingeschoben, und ein gegensätzlich gedrehter, schmaler Kubus, der das Staffelgeschoss mit Dachterrasse aufnimmt und auskragend den Eingang überdacht. Durch seine dunkle Titanzink-Bekleidung steht er auch farblich im Kontrast zum weißen Kubus darunter. Dieser Schwarz-Weiß-Kontrast findet sich hier immer wieder – auch bei der Treppe.

Während die geschwungenen Untersichten der beiden Läufe das Weiß der Deckenuntersichten fortführen, zieht sich der schwarze Fliesenbelag des Bodens oberseitig die Treppen hoch und betont in Verbindung mit den weiß gestrichenen Seiten der Betonläufe das klassische Treppenmotiv.

Der farbliche Kontrast und die Viertelwendelungen an den Enden der Läufe geben der Treppe dynamische Eleganz. Hierzu passt bestens die statt eines Brüstungsgeländers gewählte Absturzsicherung: ein Drahtgewebe, luftig und blickoffen gespannt in einem raumhohen, schlanken Stahlrahmen.

EINLÄUFIGE BETONTREPPE MIT VIERTELGEWENDELTEN ANTRITTEN

Materialien

Treppenlauf Stahlbeton-Fertigteil
Belag Feinsteinzeug in Schieferoptik
Absturzsicherung Drahtgewebe in Stahl-Rundrohrrahmen

Maße

Steigungsmaß 17,9/23,6 (UG–EG) bzw. 19 / 23,6 (EG–OG)
Anzahl der Steigungen 2-mal 16
Treppenbreite 1,00 m
Geschosshöhe 2,87 bzw. 3,04 m

fabi architekten, Regensburg

Fotos: Herbert Stolz

36 Essplatztreppe

Die sechs Doppelhaushälften einer kleinen Wohnanlage am Ammersee wurden nicht wie üblich mit ihren Gebäudelängsseiten aneinandergefügt, sondern mit ihren Schmalseiten. Hierdurch ergaben sich lichte Räume, die sich über breite Glasfassaden und Fensterbänder zu den großzügigen Gärten öffnen. Ein wesentliches Element der inneren Gestaltung bildet jeweils die Kombination aus einer das Gebäude vom Untergeschoss bis zum Obergeschoss durchziehenden Sichtbetonwandscheibe mit einer zur anderen Seite offenen und ohne Geländer ausgeführten Holztreppe.

Im Erdgeschoss trennt dieses Element zwischen dem Eingangsbereich und der offenen Küche mit Essplatz, für den die Treppe als aparter Hintergrund dient. Die unterhalb des Treppenlaufs als Abtrennung zum Kellergeschoss geschlossene Frontseite der Treppe wurde glattflächig weiß verputzt, die Kanten zwischen Frontseite und Stufenoberflächen auf Gehrung gearbeitet. In die Betonwand eingelassene Lampen beleuchten den Lauf indirekt, sorgen somit für sichere Begehbarkeit und eine stimmungsvolle Atmosphäre.

EINLÄUFIGE HOLZTREPPE

Materialien

Unterkonstruktion Stahlbeton
Belag Ahornholz

Maße

Steigungsmaß 19,4/26
Anzahl der Steigungen 15
Treppenlaufbreite 1,02 m
Geschosshöhe 2,91 m

Bembé Dellinger Architekten, Greifenberg

Fotos: Autor

37 Küchentreppe

Gibt es unter einem Treppenlauf keinen weiteren, der ins Geschoss darunter führt, findet sich für den entstandenen Raumzwickel oft keine vollwertige Lösung. Gern wird er zum Abstellen diverser Dinge genutzt, gelegentlich möbelartig bekleidet, mal mehr, mal weniger gelungen. In einigen Fällen können Treppenmöbel – wie sie auch in diesem Buch vorgestellt werden – eine Lösung sein.

Eine besonders unkonventionelle Lösung fanden die Architekten beim Entwurf dieses großzügigen Wohnhauses für zwei Personen: bündig eingepasst, findet sich in besagtem Raumzwickel ein Teil der Einbauküche. Passend zu deren hellen Fronten und als Kontrast zum schwarzen Holzdielenboden im Erdgeschoss, wurde die Oberseite des Treppenlaufs mit dem cremefarbenen Teppichbelag des Obergeschosses bekleidet.

Für ein Einfamilienhaus fiel die Treppe mit 1,20 Metern Laufbreite und Zwischenpodest ungewöhnlich nobel aus. Ihr Nutzer läuft nach oben hin auf ein kreisrundes Wandfenster zu, dem Licht entgegen. Seitlich blickt er durch ein treppenlanges Fenster auf Höhe des Bodens des Obergeschosses auf das angrenzende Gründach, während ihn raumseitig eine aus Drahtseilen gespannte »Harfe« vor dem Absturz in die Küche bewahrt.

GERADLÄUFIGE TREPPE MIT ZWISCHENPODEST

Materialien

Treppenlauf Stahlbeton
Belag Teppichboden
Absturzsicherung »Harfe« aus gespannten Stahlseilen

Maße

Steigungsmaß 17/29
Anzahl der Steigungen 21, davon ein Podest
Treppenbreite 1,20 m
Geschosshöhe 3,55 m

Architekturbüro [lu:p], Renee Lorenz, Grub am Forst

Fotos: Architekten

38

Kontrastreich und puristisch

Ein bestehendes Siedlungshaus wurde modernisiert, der Grundriss durch Entfernen von Innenwänden geöffnet. Durch Anbau eines eigenständigen neuen Hauses entstand schließlich ein Doppelhaus, das das große Grundstück wesentlich besser ausnutzt, ohne die städtebauliche Struktur zu zerstören.

Der Neubau gibt sich als kubisch-moderner Bau mit großen Fensterflächen nach außen und puristischer Materialität im Inneren; glatt-weiße Oberflächen bestimmen das Bild. Seinen besonderen Charakter erhielt der Innenraum jedoch durch kontrastierenden Einsatz von Holz- und Sichtbetonelementen. So wurde dem Eiche-Hochkantlamellenparkett, das als Bodenbelag Verwendung fand, eine Treppe aus roh belassenen Sichtbetonläufen gegenübergestellt.

Besonders puristisch und zugleich skulptural wirkt der Treppenlauf im Wohnraum, der sich einerseits von seiner weißen Rückwand abhebt und andererseits vom Wohnraum lediglich durch raumhohe, rahmenlose Glasscheiben getrennt ist.

EINLÄUFIGE SICHTBETON-TREPPE

Materialien

Treppenlauf Stahlbeton in Sichtbetonqualität
Handlauf Stahl

Maße

Steigungsmaß 18,3/25
Anzahl der Steigungen 17
Treppenbreite 1,00 m
Geschosshöhe 3,12 m

Entwurf: bsp architekten, Bochum

Fotos: Detlef Podehl

39

Dezenter geht's nicht!

Elf Stahlschwerter, die ohne Überschneidung scheinbar aus der Wand herauswachsen – minimalistischer und leichtfüßiger geht es nicht! Bei gerade mal 66 Zentimeter Breite wirkt durch den Verzicht auf ein Geländer erst die Wand als Raumabschluss, die Treppe ist optisch kaum vorhanden.

Für ein Minimum an Halt und Sicherheit sorgt ein bei der Öffnung des Dachraums freigelegter Dachbalken des Altbaus – doch der wird nicht als Bestandteil der Treppe wahrgenommen.

Noch dezenter als das Erscheinungsbild der Treppe gibt sich nur ihre Konstruktion: die tragende Stahlwange, an die die Stufen angeschweißt wurden, verbirgt sich hinter einer vor die Altbauwand gesetzten Gipskartonplatte.

STAHLTREPPE MIT KRAGSTUFEN

Materialien

Stufen Einzelstufen aus Stahl, 15 mm, unbehandelt
Wange Stahl, an der Wand verschraubt, mit Gipskarton bekleidet, Stufen angeschweißt

Maße

Steigungsmaß 21,5/21,5
Anzahl der Steigungen 12 (11 Einzelstufen)
Treppenbreite 0,66 m
Geschosshöhe 2,60 m

architekturbüro [lu:p], Renee Lorenz, Grub am Forst

Fotos: Architekten

40 Die Kunst der Zurückhaltung

Das Haus steht am Feld, als hätte es immer schon dort gestanden – dabei ist es klar als »moderne Kiste« zu erkennen. Wer es betritt, fühlt sich zu Hause, ein Gefühl der Behaglichkeit stellt sich ein – dabei sind die Innenräume schlicht, nüchtern und leer wie selten in einem Wohnhaus anzutreffen.

Wände und Decken wurden glattflächig weiß verputzt, der Boden zeitlos mit Eichendielen belegt. In den gemeinschaftlichen Wohnräumen finden sich mit Ausnahme der Küchenzeile und des Esstischs keine Möbel, keine Teppiche, keine Vorhänge, keine Bilder! Doch gerade diese unendliche optische Ruhe, die sich letztlich auch in der Landschaft fortsetzt, gibt den Räumen ihre Behaglichkeit.

In solch einem Fall muss das Ziel bei der Treppenplanung in konsequenter Fortführung der ruhigen Homogenität bestehen – jede Skulpturalität, jede Kontrastsetzung wäre hier fehl am Platz. Dementsprechend planten die Architekten eine Treppe, die sich lediglich durch die zwangsläufige Formgebung von den übrigen Räumlichkeiten unterscheidet: Eichenstufen mit leichtem Untertritt in Fortführung des Eichenparketts im gesamten Haus, glatt weiß verputzte Brüstungen, die im oberen der beiden Geschosse in die Brüstung der Galerie übergehen.

GEGENLÄUFIGE TREPPE MIT HALBPODEST

Materialien

Treppenlauf Stahlbeton
Oberfläche Eichenholz

Maße

Steigungsmaß 17,9/29
Anzahl der Steigungen 15
Treppenlaufbreite 0,94 m
Geschosshöhe 2,69 m

denzer & poensgen, Marmagen

Fotos: Autor

41 Ein Faltwerk aus Glas

Auf dieses Wohnhaus und seine Treppe vom Untergeschoss ins Erdgeschoss wurde bereits auf S. 34/35 eingegangen. Etwas versteckter, aber nicht minder spektakulär planten die Architekten die Verbindung zum Obergeschoss: an die Trennwand zwischen Essplatz und Küche wurde auf der Seite der Küche ein gläserner Treppenlauf angelehnt.

Getragen von einer Stahlkonstruktion, lässt sich der gestalterisch wie ein leicht spitzwinkliges Faltwerk aus Glas ausgeführte Lauf hinterleuchten und bringt somit wahlweise eher kühle oder stimmungsvolle Atmosphäre in die auch als Barraum nutzbare Küche.

EINLÄUFIGE HINTERLEUCHTETE GLASTREPPE

Materialien

Unterkonstruktion Stahltragwerk
Treppenlauf Satiniertes Glas, hinterleuchtet
Geländer n. v.

Maße

Steigungsmaß 19,3/24,4
Anzahl der Steigungen 18
Treppenbreite ca. 1,00 m
Geschosshöhe 3,67 m

philipp architekten, Anna Philipp, Untermünkheim

Fotos: Oliver Schuster

42 Aus der Decke geklappt

Nach Süden angrenzende Felder, ein weiter Blick über das Main-Tal, dahinter Erhebungen und Höhenzüge, Wiesen und Wälder in den unterschiedlichsten Grüntönen changierend – Innenräume, deren Ambiente dank großer Glasfassaden derart intensiv von den allgegenwärtigen Farben der außen anschließenden Natur bestimmt wird, tun gut daran, sich selbst mit Sinnesreizungen zurückzuhalten. Dies wurde bei diesem Wohnhaus auf ansprechende Weise berücksichtigt: die Innenwandoberflächen geben sich schlicht weiß verputzt oder in Sichtbeton, ebenso die Deckenuntersichten, die im Erdgeschoss in Sichtbeton gehalten wurden.

Auch die Treppe folgt diesem Konzept: als hätte man einfach ein Stück der Sichtbetondecke herausgeschnitten und nach unten geklappt, steht sie als roher Betonlauf im Raum, einseitig an die Rückseite der halboffenen Küche angelehnt. Bewusst wurde nichts nachbearbeitet, selbst die Transportlöcher blieben sichtbar. Das in Frontalansicht äußerst dünne, in seiner massiven Flächigkeit aber dennoch dominante Brüstungsgeländer entwarfen die Architekten passend dazu aus unbehandeltem Stahl. Es zieht sich – ohne gesonderten Handlauf – die Treppe hoch und legt sich im Obergeschoss als Brüstung um das Treppenauge.

Als Kontrast zur relativ dunklen Situation der innenliegenden Treppe wird der Bereich des oberen Austritts über ein Oberlicht hell belichtet.

SICHTBETON-TREPPE MIT STAHLBRÜSTUNG

Materialien

Treppenlauf Stahlbetonfertigteil
Brüstungsgeländer Stahl

Maße

Steigungsmaß 17,4/26,3
Anzahl der Steigungen 19
Treppenbreite ca. 1,00 m
Geschosshöhe 3,31 m

architekturbüro [lu:p], Renee Lorenz, Grub am Forst

Fotos: Autor

43

Treppenwintergarten

Dem Geländeverlauf folgend, wurde der Schlaftrakt dieses Bungalows in Splitlevel-Anordnung ausgeführt: die beiden Kinderzimmer liegen ein halbes Geschoss oberhalb der Wohnebene, der Elternbereich nochmals ein halbes Geschoss erhöht. Unter den Kinderzimmern findet sich ein Hanggeschoss. Es galt also, dreimal ein halbes Geschoss zu überwinden. Die Architekten wählten hierfür eine zweiläufige Anordnung mit gegenläufigen, geraden Läufen. Jeweils beidseits bis an die weiß verputzten Begrenzungswände geführt, wirken sie, als seien sie schlichtweg durch Auffalten des im Haus verlegten Dielenbodens verlegt worden. Besonders markant hierbei: die zentrale Wandscheibe zwischen den Läufen, die auf halber Höhe des obersten Geschosses endet. In dieser Höhe statisch nicht erforderlich, fasst sie die Treppenläufe zu einem beidseits begrenzten Weg und sorgt für eine gewisse optische Abtrennung des Elternbereichs. Besonnt über ein großes Oberlicht, wirken die beiden oberen Läufe in Verbindung mit den Verteilerbereichen atmosphärisch fast schon wie ein kleiner Wintergarten.

GEGENLÄUFIGE HOLZTREPPE

Materialien

Unterkonstruktion Holz
Treppenlauf Fichtenholz
Geländer n.v.

Maße

Steigungsmaß 18/27
Anzahl der Steigungen 2-mal 9 (EG–OG)
Treppenbreite ca. 1,00 m
Geschosshöhe 3,26 m

philipp architekten, Anna Philipp, Untermünkheim

Fotos: Autor

44 Treppen wie Flure

Bei typischen Einfamilienhäusern verteilen sich die Wohnfunktionen auf zwei Ebenen. Meist dient die eine dem Wohnen, die andere dem Schlafen, Arbeiten, Spielen. Dazwischen: ein Treppenlauf, der je nach Nutzern und Nutzung mal mehr, mal weniger begangen wird.

Anders bei diesem Haus, gelegen an einem steilen Hang. Auf drei Ebenen finden sich die Wohnräume, betreten wird das Gebäude nochmals ein Geschoss tiefer. Die insgesamt drei Treppenläufe werden also zwangsläufig so intensiv genutzt wie sonst oft nur eben Verbindungsflure. Sie sind somit dauerpräsent, womit an ihre Gestaltung nochmals größere Ansprüche gestellt wurden. Zugleich ist ihre Alltagstauglichkeit in funktionaler Hinsicht von besonders großer Bedeutung.

Gewählt wurden Einzelstufen, die einseitig über einbetonierte Stahlkonsolen an der Außenwand befestigt sind. Ihre Stahlrahmen nehmen Trittflächen aus Parkett auf. Zum Raum hin geben sich die über eine transparente Sicherung aus Glas begrenzten Läufe schwebend, wandseitig wurde ein Handlauf aus Stahlrohr montiert. Vor den Glaselementen im Boden eingelassene Leuchten spenden nicht nur stimmungsvoll-warmes Licht, sondern erhöhen zudem die Sicherheit beim nächtlichen Begehen.

KRAGSTUFEN-TREPPE MIT HOLZBELAG

Materialien

Stufen Beschichtete Stahlrahmen, frei auskragend an massiver Außenwand befestigt; Trägerplatten ober- und unterseitig mit Nussbaum-Parkett belegt
Handlauf Stahlrohr, beschichtet
Absturzsicherung Glasscheibe, frei vor den Tritten stehend; Stahlrahmen, beschichtet fixiert; davor eingelassene Bodenleuchte

Maße

Steigungsmaß 16,7/27
Anzahl der Steigungen 3-mal 17
Treppenbreite 1,00 m
Geschosshöhe 2,84 m

k_m architektur, Daniel Sauter, Bregenz

Fotos: Autor

45

Schatten und Licht

Schattenfugen sind ein in der Architektur immer wieder gern verwendetes Stilmittel, um konstruktiv zusammenhängende Elemente grafisch voneinander zu trennen. Auch bei Treppen lassen sie sich intelligent einsetzen. Bei dem hier gezeigten Beispiel erhielt die konstruktiv relativ einfache Treppe somit eine optische Leichtigkeit, die sonst nur mithilfe wesentlich aufwendigerer »schwebender« Einzelstufen zu erreichen ist.

Als Unterkonstruktion dient ein Beton-Fertigteil. Auf dieses wurden vorgefertigte Winkelstufen aus massiver Eiche geklebt, wobei seitlich und am unteren Rand der Setzstufen besagte Schattenfugen ausgebildet wurden. Der Betonlauf wurde in diesen Bereichen zuvor schwarz angestrichen.

Die einseitig an eine Innenwand gelehnte Treppe erhielt zur anderen Seite ein glattflächig weißes Brüstungsgeländer mit dezent eingelassenem Handlauf aus Eiche, der die Treppe optisch fasst und ihre Aufwärtsorientierung unterstreicht. Oberhalb des Treppenraums wurde ein Luftraum angeordnet, umgeben von einer das Obergeschoss erschließenden Galerie, in deren Brüstung das Treppengeländer übergeht. Trotz seiner zentralen Lage im Haus konnte der gesamte Bereich dank Staffelgeschoss über ein großes Fenster lichtdurchflutet ausgeführt werden.

BETONTREPPE MIT HOLZWINKEL-STUFEN

Materialien

Treppenlauf Stahlbeton-Fertigteil; eingelassene Stahlkonsolen zur Befestigung des Brüstungsgeländers
Belag Eiche massiv, weiß gekalkt
Brüstungsgeländer Holzwerkstoffplatten, 2 cm, lackiert
Unterkonstruktion Stahlvierkantprofile

Maße

Steigungsmaß 19/26
Anzahl der Steigungen 17
Treppenbreite 1,00 m zzgl. 0,10 m Brüstungsgeländer
Geschosshöhe 3,23 m

Johannes Walther, Hamburg

Fotos: Architekt

46

Reihenhimmelsleiter

Zwei Parameter bestimmten den Entwurf dieses Reihenhauses: die Hanglage sowie die Verpflichtung zur Integration einer Garage. Somit liegen im Eingangsgeschoss des Hauses heute nur in den Hang gegrabene Nebenräume, die Wohnräume finden sich in den beiden Geschossen darüber: zunächst das durchgängige Wohngeschoss mit ebenerdigem Gartenzugang, dann das Schlafgeschoss.

Obwohl Reihenhäuser häufig über mehrere Ebenen reichen, ist eines der oft vernachlässigten Entwurfselemente die Vertikalerschließung. Hier kehrten die Architekten diese Konvention ins Gegenteil um: eine Himmelsleiter durchzieht die gesamte Tiefe des Hauses entlang der südlichen Gebäudetrennwand. Parallel zum ansteigenden Hang verlaufend, erschließt sie die einzelnen Ebenen »en passant«.

In Verbindung mit Lufträumen und raumhohen Fenstern wurde somit eine Großzügigkeit erreicht, die vergessen lässt, dass es sich um ein verhältnismäßig kleines Reihenhaus handelt.

HIMMELSLEITER MIT HOLZ-TRITTSTUFEN

Materialien

Treppenlauf Stahlbeton
Trittstufen Eichenholz

Maße

Steigungsmaß 17,5/25
Anzahl der Steigungen 15 + 17
Treppenbreite 1,00 m
Geschosshöhe 2,63 bzw. 2,98 m

baurmann.dürr Architekten, Karlsruhe

Fotos: Autor

48

Eine dreidimensionale Intarsie

Monumentale, geschlossenflächige Wandscheiben begrenzen entlang beider Längsseiten den zweigeschossig bis unters Dach reichenden Treppenraum dieses Entwurfs. Eine ebensolche Wandscheibe bestimmt auch das Erscheinungsbild der Treppe selbst wesentlich. Ihre freie Mauerkrone verläuft abgestuft oberflächenbündig mit den Sandsteinstufen der Treppe, diese wirkt wie eine dreidimensionale Intarsie.

Kein raumseitiges Geländer stört dieses Bild, und einen in ähnlichen räumlichen Situationen sonst heute meist üblichen galerieartigen Umgang des Treppenauges gibt es nicht: die Erschließung des Obergeschosses verschwindet nach dem Treppenaustritt links und rechts im Privaten. Das Treppenauge selbst zeichnet sich als langer, schmaler Oberlichtstreifen im Flachdach ab.

Alles in allem entstand hier ein in ungewöhnlich hohem Maße von glatten, weißen Wandflächen geformter und bestimmter Raum, der die Treppe gänzlich auf ihre Existenz als »abgestufter Bodenbelag« minimiert.

EINLÄUFIGE BETONTREPPE MIT NATURSTEINBELAG

Materialien

Treppenlauf Stahlbeton
Belag Ruhrsandstein
Seitliche Wandscheibe Verputzt

Maße

Steigungsmaß 17,7/28
Anzahl der Steigungen 17
Treppenlaufbreite 1,30 m
Geschosshöhe 3,00 m

DÖRING DAHMEN JOERESSEN ARCHITEKTEN, Düsseldorf

Fotos: Manos Meisen

49

Dezent-homogene Transparenz

Gerade bei betont schlichten Treppen möchten deren Planer am liebsten auf Brüstungen und Geländer verzichten. Insbesondere gilt dies, wenn die Treppe feingliedrig und durch Verzicht auf Setzstufen lichtdurchlässig ausgeführt wurde, um die Belichtung dahinter liegender Bereiche zu ermöglichen. Doch meist bleibt es beim Wunsch, der aus Komfort- und Sicherheitsgründen nicht praktikabel ist.

Bei mehreren Beispielen in diesem Buch fanden in derartigen Situationen Absturzsicherungen aus Glas oder blickoffenem Drahtgewebe Anwendung, die vor der Treppe montiert waren. Anders bei diesem Entwurf einer Treppe aus glattflächigen, unprofilierten Stahlwangen und ebenso schlichten, dielenartigen Eichestufen: das raumseitig angeordnete Brüstungsgeländer besteht aus einer Glasscheibe, die in die Stahlwange eingespannt ist – eine besonders dezente, homogene Lösung.

STAHLWANGEN-TREPPE MIT GLAS-BRÜSTUNGSGELÄNDER

Materialien

Stufen Eiche massiv

Wangen Stahl, beschichtet

Brüstungsgeländer Glasscheibe, eingespannt in Stahlwange

Maße

Steigungsmaß 17/27

Anzahl der Steigungen 18

Treppenbreite 1,00 m

Geschosshöhe 3,06 m

k_m architektur, Daniel Sauter, Bregenz

Fotos: Architekten

50 Vom Blitz getroffen

Mit einem ähnlichen gestalterischen Problem wie bei der zuvor vorgestellten Treppe hatten die Architekten auch hier zu tun: einseitig in eine rohe Sichtbetonwand eingespannte Stufen aus schwarzem Stahlblech, in der Gesamtansicht ein wenig die weite Schwinge eines großen Vogels assoziierend – soll man sich solch ein skulpturales Bild wirklich durch etwas vermeintlich so Banales wie ein Geländer verunzieren lassen?

Die Architekten fanden eine Lösung, die nicht nur »nicht stört«, sondern den Gesamtentwurf sogar aufwertet: oberhalb der äußeren Kanten der Stufen ordneten die Planer einen Handlauf aus flachem Stahl-Rechteckprofil an, der oberhalb der drittuntersten Stufe rechtwinklig abknickt und zwischen dritter und vierter Stufe diagonal in den Boden geführt wird.

Selbst schon von skulpturaler Wirkung, ein wenig wie ein Blitz, der durch die Treppe fährt, fasst der schlanke Handlauf jene zu einer Einheit, ohne ihr ihre feingliedrige Leichtigkeit zu nehmen.

STAHL-KRAGSTUFENTREPPE

Materialien

Stufen Stahlblechkörper

Handlauf Flaches Stahl-Rechteckprofil

Maße

Steigungsmaß 18/27

Anzahl der Steigungen 17

Treppenbreite 1,00 m

Geschosshöhe 3,06 m

k_m architektur, Daniel Sauter, Bregenz

Fotos: Architekten

51 Kontrastierende Zweiteiligkeit

Im Zuge einer kompletten, homogenen und äußerst hochwertigen Neugestaltung sämtlicher Innenräume darf meist auch eine Überarbeitung der Treppensituation nicht fehlen.

Die Unterteilung in zwei rechtwinklig zueinander angeordnete Läufe wurde hier zu einem Bruch der Treppe in zwei kontrastierende Teile genutzt: das untere Drittel wurde als massiv wirkender, homogener Sockel aus hellem Sandstein ausgeführt, der obere Lauf als durchlässige Wangenkonstruktion mit einzelnen Trittstufen aus gekalkter Eiche.

Jeder der beiden Läufe erhält optischen Halt durch eine seitliche Wandscheibe: beim unteren Teil entwickelt sie sich im selben Material aus dem Sockel, beim oberen wurde sie in braun gestrichenem Stahl ausgeführt und trennt zum Raum hin.

UNTERER LAUF: NATURSTEINSOCKELTREPPE

Materialien

Durchgängig spanischer Sandstein

Maße

Steigungsmaß 18,3/27
Anzahl der Steigungen 7
Treppenbreite ca. 1,20 m

Berschneider+Berschneider, Pilsach

Fotos: Erich Spahn

OBERER LAUF: STAHLWANGENTREPPE MIT HOLZSTUFEN

Materialien

Wangen Stahlblech, weiß lackiert
Stufen Eiche, gekalkt
Handlauf Stahlblech, weiß lackiert
Begrenzungswand Stahlblech, braun gestrichen

Maße

Steigungsmaß 18,3/27
Anzahl der Steigungen 12
Treppenbreite 1,14 m
Geschosshöhe 3,47 m

52 Wohnkellertreppe

Auf einem großen Eckgrundstück im Münchner Umland entstand ein großzügiges Wohnhaus in unkonventioneller, moderner Architektur. Der überwiegende Teil des Grundstücks wurde mittels eines eingeschossigen Baukörpers in Winkelform als von der Straße abgeschirmter Garten gefasst. An beiden Enden des Winkelschenkels führen Treppen ins Untergeschoss. Hier finden sich allerdings nicht nur kellertypische Nutzräume, sondern auch ein Büro, ein Weinkeller, ein Fitnessbereich mit Sauna sowie ein Kinoraum. Verständlich, dass hier auch der Gestaltung der beiden Treppen deutlich mehr Aufmerksamkeit geschenkt wurde als sonst bei Kellertreppen üblich. Fliegende Stufen aus dem Eichenholz des Bodenbelags wurden kombiniert mit einer dreieckigen Absturzsicherung aus satinierten Glasscheiben, deren Unterkante dem Treppenverlauf parallel folgt. Die unteren beiden Stufen werden nicht von der Absturzsicherung gefasst, wodurch die optische Leichtigkeit der Gesamtkonstruktion betont wird.

HOLZ-KRAGSTUFENTREPPE

Materialien

Unterkonstruktion In Wand einbetoniertes Stahlbauelement mit Kragarmen
Stufen Massive Eichendielen
Absturzsicherung Satinierte Glasscheiben

Maße

Steigungsmaß 19,6/26
Anzahl der Steigungen 15
Treppenlaufbreite 0,94 m
Geschosshöhe 2,94 m

Bembé Dellinger Architekten, Greifenberg

Fotos: Autor

53

Ein begehbares Bücherregal

Ein »begehbares Bücherregal« wünschte sich die Bauherrin für ihr neues Wohnhaus. Heute bildet die derart ausformulierte, viertelgewendelte Treppe vom Obergeschoss unters Dach den innenarchitektonischen Höhepunkt des Einfamilienhauses. Sie ist bestimmend für den großzügigen, zentralen Erschließungsraum des Obergeschosses, der zugleich als Bibliothek dient. Entlang der Rückwand des rechteckigen Treppenauges zieht sich die Bücherwand hoch bis unter die Dachschräge. Als hätte man bis auf Höhe der Geschossdecke einfach ein Teilstück der Bücherwand mit abgetreppter Oberkante »herausgezogen«, wirkt die Treppe, unter deren Lauf die Bücherwand mit der Vorderkante bündig weitergeht. Den übrigen Raum unter dem Treppenlauf nimmt eine kleine Abstellkammer ein, die über eine doppelflüglige Schranktüre von der Seite zugänglich ist.

Von wesentlicher Bedeutung für die Anmutung von Regal und Treppe als eine untrennbare Einheit, als ein einziges »Möbel« ist die Homogenität des durchgängig in Buche gehaltenen Entwurfs sowie die stets gleich bleibende Materialdicke. Hinzu kommt die spielerische Einbindung des als Regalober- beziehunsweise Regalunterkante fungierenden Treppenlaufs in die unveränderliche Aufteilung des Regals: so wird etwa unterhalb ein kleines Fach für CDs zweiseitig vom Treppenlauf begrenzt, oberhalb wurden kleine Schubfächer in Zwickel zwischen Treppenlauf und Bücherwand eingefügt.

Das Treppengeländer wurde als Rahmenkonstruktion aus Edelstahl-Rundprofilen mit Glas-Brüstungselementen ausgeführt und hält sich somit optisch zurück.

Boch+Keller Architekten, Darmstadt

Fotos: Autor

TREPPENREGAL MIT VIERTELGEWENDELTEM LAUF

Materialien

Unterkonstruktion Stahlhohlprofile (Zweiholmtreppe zzgl. eines dritten Holms, der das Bücherregal trägt)
Tritt- und Setzstufen Buchedielen, 4 cm
Geländer Edelstahl-Rundprofile mit Glasfüllungen
Bücherregal Buchedielen, 4 cm

Maße

Steigungsmaß 18,5 / 26
Anzahl der Steigungen 15
Treppenlaufbreite 1,00 m
Treppenbreite inkl. Regal 1,39 m
Geschosshöhe 2,78 m

54

Bibliothekstreppe

Die Treppe selbst befindet sich in einer großzügigen Diele, die zugleich als Bibliothek genutzt werden sollte, angetreten wird sie hingegen vom Essbereich aus – zwei Faktoren, die aus dieser Treppe mehr als nur eine Vertikalverbindung werden ließen: während zu einem Essplatz ein Möbel atmosphärisch besser passt als eine Stiege, gab es in der Diele ohnehin die Notwendigkeit einer Bücherwand.

So entstand der Entwurf eines wandabgerückten Regals, in das rückseitig eine einläufige Treppe integriert wurde. Durch die durchgängige Ausführung in Nussbaum wurde die Homogenität des Treppenmöbels unterstrichen. Während optisch der Regalcharakter in den Vordergrund trat, glänzt dessen »begehbare Rückseite« mit Funktionalität: mit 1,20 Metern fiel der Treppenlauf außergewöhnlicht breit aus.

EINLÄUFIGE REGALTREPPE

Materialien

Unterkonstruktion Holz
Treppenlauf und Regal Nussbaum, keilverzinkt, lackiert
Handlauf Flachstahl, Eisenglimmeranstrich

Maße

Steigungsmaß 19,3/26
Anzahl der Steigungen 15
Breite 1,20 m
Geschosshöhe 2,90 m

Beilharz Haus, Vöhringen

Fotos: Beilharz Haus

Eingehauste Treppen

55

Prägnant dezent

1959 entstand auf einem bewaldeten, leicht abfallenden Areal eine Siedlung mit 16 nahezu identischen Siedlungshäusern. Eines davon wurde heutigen Vorstellungen eines großzügigen Einfamilienhauses entsprechend modernisiert und erweitert: Im Erdgeschoss entstand ein durchgängiger Wohn-Essraum mit offener Küche, im Obergeschoss wurden die Wände mehrerer kleiner Räume herausgenommen, sodass zusammen mit dem früheren Flur eine Art Galerie entstand. Im Anbau findet sich der Schlaftrakt der Eltern mit offenem Bad, frei stehender Wanne mit über-Eck-Ausblick, begehbarem Kleiderschrank und abgetrennter Toilette.

Verbunden werden beide Obergeschosse und das Untergeschoss über eine markante Treppe, die sich mit glattflächig geschlossener, weiß lackierter Brüstung und kontrastierendem, dunklem Holzlauf als prägnante Skulptur durch das ganze Haus zieht. So prägnant sie ist, so schlicht ist ihre Konstruktion: außenseitig rechteckig begrenzt, wird der Lauf aus Eiche in seinem Auge von der halbkreisförmigen, weiß lackierten Brüstung gebündelt, die sich glattflächig und geschlossen ohne Unterbrechung vom Keller bis zur Galerie fortsetzt.

Was man kaum vermuten möchte: die tragende Konstruktion, ein Ortbeton-Lauf, wurde aus dem Bestand übernommen.

ÜBERARBEITETE STAHLBETON-TREPPE

Materialien

Unterkonstruktion Ortbeton-Treppenlauf mit Natursteinbelag (Bestand)
Stufen Eiche-Massivholzdielen, geölt, 16 mm, auf Natursteinbelag elastisch verklebt
Brüstung MDF-Platten, 60mm, verklebt, gespachtelt, lackiert

Maße

Steigungsmaß 17,2/27,4
Anzahl der Steigungen 16
Treppenbreite ca. 1,00 m
Geschosshöhe 2,75 m

steiner architektur, Starnberg

Fotos: Autor

56 Mit Möbeln verwoben

In seiner Grundform ein klassischer Satteldachbau, wirkt der Entwurf dieses Hauses im Detail modern und in seiner Innengestaltung luftig und offen. Vom Eingangsbereich aus gelangt man über einen Durchgang in einen Wohnraum, der nur durch eine Wandscheibe und einen wuchtigen Kamin in Küche, Essplatz und Wohnbereich zoniert ist.

Von jenem Durchgang zweigt zunächst jedoch die Treppe ab, ein raumhoher Einbauschrank mit offenem Stirnseitenregal trennt sie vom Wohnraum. Aufgrund der raumseitigen Breite der Möbelfronten möchte man vermuten, die Treppe verliefe als gerader Lauf hinter dem Schrank, doch nach zwei Dritteln ihrer Höhe beschreibt sie eine Viertelwendelung – gleichsam von hinten in den Schrank hinein und über diesen hinweg.

Auch im Obergeschoss bildet die Treppe eine Einheit mit angrenzenden Einbaumöbeln. Ihr Austritt liegt zwischen einer weißen Kommode mit tiefen Schubläden und einem in Eiche gehaltenen Schränkchen auf selber Höhe.

Im Unterschied zu den in diesem Buch vorgestellten Möbeltreppen und Treppenmöbeln sind hier Treppe und Möbel eindeutig voneinander getrennt – auch durch die unterschiedliche Materialität – und doch eng miteinander verbunden.

BETONTREPPE MIT HOLZSTUFEN

Materialien

Unterkonstruktion Ortbeton-Treppenlauf, Setzstufen weiß verputzt
Stufen Eiche-Massivholzdielen, geölt

Maße

Steigungsmaß 17,8/27
Anzahl der Steigungen 17
Treppenbreite 1,00 m
Geschosshöhe 3,03 m

Hans Kneidl, Weiden

Fotos: Autor

57 Treppenschlucht

Hoch über der Stadt entstand ein Wohnhaus für eine Familie mit zwei kleinen Kindern. Dem steilen Hanggrundstück folgend, setzt sich der Entwurf aus gestaffelt gestapelten und miteinander verschmolzenen Kuben zusammen. Durch die Staffelung und eine farbliche Differenzierung wurde dem straßenseitig immerhin vierstöckigen Gebäude seine Wuchtigkeit genommen. Hinter der Hauseingangstür auf der untersten Ebene beginnt eine »Himmelsleiter«, die dem Hangverlauf folgend bis zur obersten Ebene führt. Von integrierten Zwischenpodesten aus werden die einzelnen Geschosse erschlossen: im untersten die Doppelgarage, darüber der Hauswirtschaftsbereich und ein Gästezimmer, darauf folgend die Kinderzimmer und schließlich auf der obersten Ebene ein großzügiger Wohn-Essraum mit offener Küche und frei stehendem Kamin sowie hangseitig dem Elternschlafbereich.

Die Dramatik der für ein Wohnhaus ungewöhnlichen »Treppenschlucht« wird durch die komplette Ausführung von Treppe und Seitenwänden in Sichtbeton nochmals gesteigert.

Im Wohnraum fungiert ein Sideboard zugleich als Brüstung zur Treppe hin, das sich an der gesamten Längsseite des Raumes entlang fortsetzt und jegliches weitere Staumöbel überflüssig macht. Als schlichter, weißer Riegel ist es dabei optisch kaum mehr präsent als es eine weiß verputzte Brüstungsmauer wäre.

SICHTBETON-TREPPE

Materialien
Beton-Treppenlauf

Maße
Steigungsmaß 17/27
Anzahl der Steigungen 2 x 17
Treppenbreite 1,00 m
Geschosshöhe 2,95 m

Berschneider+Berschneider, Pilsach

Fotos: Erich Spahn/Autor

58

Die Treppe in der Fuge

Anstatt es abzureißen, wurde ein altes Siedlungshäuschen respektvoll überarbeitet: Das Entwurfskonzept verbindet Modernisierung und Erweiterung bei gleichzeitiger Bewahrung des »Gesichts« des Altbaus.

Die Erweiterung erfolgte als Fortführung des Baukörpers in den Garten hinein, nach außen hin differenziert in der Farbigkeit des Sichtmauerwerks. Um den Ursprungsbau auch an der angebauten Seite weiter ablesbar zu machen, trennt eine vollverglaste, auch das steile Dach durchziehende Fuge Alt und Neu.

Im Inneren findet sich hier ein zweigeschossiger Luftraum vor der ehemaligen Außenfassade, an der heute eine zweite Innentreppe nach oben führt. Sie verbindet den Wohnraum im Erdgeschoss mit dem Elternbereich im Obergeschoss. Von dort gelangt man über eine kleine Brücke durch die Glasfuge zu den Kinderzimmern im Altbau.

Zum Wohnraum hin ist der Treppenlauf durch eine Wandscheibe mit vorgelagerter Sitzbank getrennt. Jedoch findet sich der Austritt dieses Laufs auf dem Niveau des Altbaus, der Wohnraum auf der Ebene des Gartens. Zur Überwindung dieses Höhenunterschieds ergänzen über Eck vier Stufen die Treppe. Mit dem zwischengeschalteten Podest ist sie zugleich Teil der Sicht- und Erschließungsachse, die vom Eingang bis in den Garten führt.

HOLZTREPPE

Materialien

Unterkonstruktion Fichtenholz-Wangen
Stufen Ahornparkett, auf OSB-Platten verklebt

Maße

Steigungsmaß 19,8 / 23 (zzgl. 3 cm Untertritt)
Anzahl der Steigungen 14+4
Treppenbreite ca. 1,00 m
Geschosshöhe 2,77 m

Mißfeldt Kraß Architekten, Lübeck

Fotos: Autor

59

Treppe mit Abzweigungen

Die Basis dieses Hauses bildet ein langgestreckter, eingeschossiger Kubus, der als Souterraingeschoss mit vorgestellter Garage in den Hang geschoben wurde. Darin finden sich insbesondere die Schlafräume, deren Fenster allesamt oberirdisch liegen.

Der repräsentative Hauseingang für Gäste führt in den zweigeschossigen Kubus, der auf dem hinteren Bereich des Souterrains aufsitzt. Hinter der Eingangstür folgt eine größere Diele mit durchgängigem Einbauschrank entlang der linken Längsseite. Wenige Stufen höher liegt der großzügig über Eck verglaste Essraum, das Zentrum des Hauses.

Mit dem Souterrain verwoben wird der obere Kubus durch eine imposante, weiß gehaltene Treppe, die im Vorbereich der Schlafräume startet und sich als oben abgewinkelte Himmelsleiter durchzieht bis in den Wohnraum, der über der Diele angeordnet wurde und sich als Galerie zum Essraum hin öffnet. Um den Eingangsbereich an die Treppe anbinden zu können, wurden vier Stufen ein Stück weit in diesen hineingezogen. Ihre oberste wurde als Zwischenpodest ausgebildet und bietet Zutritt zum Essraum.

WEISS LACKIERTE TREPPE IN HOLZ UND BETON

Materialien

Unterkonstruktion Untergeschoss-Erdgeschoss Betontreppenlauf; Erdgeschoss-Obergeschoss Holzunterkonstuktion; Belag MDF-Platten, deckend weiß lackiert

Maße

Steigungsmaß 18/26,5

Anzahl der Steigungen Untergeschoss-Erdgeschoss 17, Erdgeschoss-Obergeschoss 13 (inkl. Podest)

Treppenlaufbreite 1,01 m, Antrittsstufe 3,08 m, vier Stufen Eingangsbereich 1,83 m

Geschosshöhe 2,39 m–2,90 m

philipp architekten, Anna Philipp, Untermünkheim

Fotos: Autor

60 Übersteigerung des Themas

Mit präzise gesetzten Blickachsen und einem zunächst scheinbar massiven, geschlossenen Volumen, das sich dann zunehmend auflöst und öffnet, überzeugt dieses Haus in Sichtweite des Bielersees. Um über die vorgelagerten Häuser der leichten Hanglage hinwegblicken zu können, wurde der eine ganze Ebene einnehmende Wohnbereich mit Essplatz und offener Küche im ersten Obergeschoss angeordnet. Ein dunkel gehaltenes Kaminmöbel bildet hier eine Halt gebende Rückfront gegenüber der raumhohen Glasfassade. Es wurde, ebenso wie weitere Einbaumöbel des Hauses in Eingangsbereich oder Ankleide, individuell und im architektonischen Gesamtzusammenhang entworfen.

Die Verbindung der Geschosse erfolgt über prägnante Treppen, teils in dunklem Holz gehalten, teils weiß lackiert. Die zweiläufige Treppe zwischen Ober- und Staffelgeschoss wirkt dabei geradezu surreal: sie hat ihren Antritt hinter dem raumhohen Küchenschrank, dreiseitig eingehaust. Der hier beginnende Lauf täuscht zunächst eine enorme Breite vor, doch auf halber Höhe kommt ihm ein zweiter, halb so breiter Lauf entgegen. Über diesen erreicht man nach einer halben Drehung auf einem Zwischenpodest das Staffelgeschoss. Die abgetreppte Unterseite des oberen Laufs verstärkt die optische Verwirrung beim Blick vom Wohnraum aus. Doch auch die glattflächig weiße Brüstung dieses Laufs nimmt das Thema Treppe wieder auf: ihre Oberkante steigt ebenfalls in Stufenanstelle der üblichen Abschrägung an.

PLATTEN-FALTWERK-TREPPE

Materialien

MDF-Platten, weiß lackiert

Maße

Steigungsmaß 19,6/28

Anzahl der Steigungen 16

Treppenbreite 0,86 m

Geschosshöhe 2,70 m

GLS Architekten, Nik Liechti, Biel (CH)

Fotos: Jürg Zimmermann

61 Dreiläufige Himmelsleiter

Als zweiläufige Verbindung zwischen Gartengeschoss und Erdgeschoss beginnend, setzt sich der obere Lauf nach Art einer »Himmelsleiter« fort in der Treppe zum Obergeschoss – diese mit zwei entgegengesetzt parallelen Läufen. Überwiegend in Steigungsrichtung des steilen Hanggrundstücks verlaufend, nimmt die Treppe die gesamte Tiefe des für zwei Personen gebauten Wohnhauses ein.

Ein Fassadenfenster belichtet den unteren Teil, ein Oberlicht über dem Zwischenpodest des oberen Teils und das für die Läufe und Podeste gewählte Nussbaum-Holz sorgen für ein harmonisches Ambiente. Fußleistenstrahler erhellen Stufen und Treppenraum.

WINKELTREPPE (UG–EG) MIT FORTFÜHRUNG ALS HALBPODESTTREPPE

Materialien

Unterkonstruktion Holz
Treppenlauf Nussbaum-Furnierholz, blockartig
Geländer n. v.

Maße

Steigungsmaß 18,1–18,9/26–26,5
Anzahl der Steigungen 31; 3 Podeste
Treppenbreite ca. 1,00 m
Geschosshöhe 2,81 / 2,90 m

philipp architekten, Anna Philipp, Untermünkheim

Fotos: Autor

62

Das Runde im Eckigen

Das Einfamilienhaus gibt sich so dezent, dass es schon wieder auffällig ist: als schlicht-grauer Kubus auf quadratischer Grundfläche steht es in einem typischen Neubaugebiet.

Doch wer sagt eigentlich, dass in ein eckiges Haus auch eine eckige Treppe gehört? Wie reizvoll die Kontrastierung durch eine Wendel sein kann, beweist dieser Entwurf eindrucksvoll. Als zylinderförmige Röhre schob der Architekt jene durchs Haus und rückte sie samt kreisrundem Betonboden keck ein Stück weit in den Raum.

Mit dem giftgrünen Anstrich der Zylinderinnenseite setzen sich die Wandoberflächen hier markant von den übrigen, weiß gehaltenen Innenwänden ab.

BETON-SPINDELTREPPE

Materialien

Treppenlauf und -holm Ortbeton, Betonanstrich

Maße

Steigungsmaß 19,5/23
Anzahl der Steigungen 15
Treppenlaufbreite 1,03 m
Gesamtdurchmesser 2,32 m
Geschosshöhe 2,95 m

Dirk B. Austermann, Dülmen

Fotos: teamfoto Marquardt

63 Ein leuchtender Wasserfall

Als würde sie über einem leuchtenden Wasserfall schweben, wirkt diese einläufige Treppe, eingehaust zwischen einer Außen- und einer Innenwand. Der aufwendig wirkende Effekt wurde dabei relativ einfach erzielt: zwischen den Begrenzungswänden und dem als Stahlbetonfertigteil ausgeführten Lauf wurden 5 Zentimeter breite Fugen belassen, diese wurden illuminiert und fügen sich somit in ein durchgängiges Beleuchtungskonzept des Hauses ein.

Auch die Materialität der Treppe führt die Gestaltung des Hauses konsequent fort: glatt verputzte Wände, Eichenparkett, Sichtbeton – letztgenannter findet sich hier in Form der Setzstufen. Der Handlauf mit schlankem, quadratischem Querschnitt und quadratischen Montagerosetten erinnert an Bauhaus-Entwürfe.

HINTERLEUCHTETE BETONTREPPE

Materialien

Treppenlauf Sichtbetonfertigelement
Trittstufenbelag Industrieparkett Eiche, geölt
Kantenschutzwinkel Aluminium, 20 / 20 mm, eloxiert
Handlauf Stahl-Quadratstab, 20 / 20 mm, matt lackiert

Maße

Steigungsmaß 18,3 / 27,6
Anzahl der Steigungen 16
Treppenlaufbreite 0,88 m
Gesamtbreite 0,98 m
Geschosshöhe 2,92 m

Nieberg Architect, Axel Nieberg, Hannover

Fotos: Architekt

64

Atriumtreppe

In der ehemaligen Römerstadt Trier entstand ein neues Wohnviertel, dessen städtebauliche Planung der einer römischen Stadtanlage nicht unähnlich ist: um einen öffentlichen Platz gruppieren sich reihenhausartig aneinander gefügte Wohnhäuser, diese wiederum beinhalten ein Atrium als privaten Freibereich. Bei dem hier gezeigten Haus gar drei Atrien auf gerade mal 300 Quadratmeter Grundstücksfläche!

Fast schon als viertes Atrium könnte man die Treppe bezeichnen: innenliegend angeordnet, blieb zur Fensterbelichtung nur die Möglichkeit eines Oberlichts. Dieses wurde über dem Podest entlang der rückwärtigen Wand vorgesehen. Aufgrund des konzentrierten Lichteinfalls wird man nun geradezu in den Treppenraum gezogen. Verstärkt wird dieser Effekt durch die Wahl eines dunklen Nussbaum-Belags der Treppe und den hieraus entstandenen Hell-Dunkel-Kontrast.

HOLZ-HALBPODESTTREPPE

Materialien

Treppenlauf Stahlbeton
Oberfläche Nussbaum

Maße

Steigungsmaß 17,8/28
Anzahl der Steigungen 16
Treppenlaufbreite 0,95 m
Geschosshöhe 2,84 m

denzer & poensgen, Marmagen

Fotos: Rainer Mader

65

Ein unkonventioneller Bruch

Das Haus: von außen scheinbar ein relativ konventioneller, wenngleich moderner Satteldachbau mit beidseitig angeordneten, markant-kubischen Gauben. Die Treppe: nach dem Betreten eine scheinbar klassische und sehr großzügige Natursteintreppe, deren homogen im selben Stein bekleidete Seitenwand zu einem blockhaften Charakter führte.

Die von außen ablesbare Viergeschossigkeit und das am Treppenaustritt von oben einfallende Licht signalisieren allerdings: es geht noch weiter aufwärts – doch wo ist die dazu erforderliche Treppe? Ganz unkonventionell führten die Architekten hier nicht einfach die zu unterst gewählte Lösung Lauf für Lauf fort, sondern verbanden die oberen drei Geschosse mit einer rund eingehausten Stahl-Spindeltreppe mit Holzstufen. Sie liegt zunächst versteckt, vom Erdgeschoss kommend linker Hand, prägt jedoch sodann als verbindendes Element einen über alle drei Obergeschosse bis unter den verglasten First reichenden Erschließungsraum, durch den Stahlgitter-Stege zu den einzelnen Zimmern führen. Die Unterteilung der Treppenanlage in die repräsentative untere Treppe und ihre davon deutlich abgetrennte Weiterführung ließ hier ein hohes Maß an Intimität der privaten Rückzugsräume gegenüber dem auch für Besuch geöffneten Erdgeschoss entstehen.

STAHLSPINDELTREPPE MIT HOLZ-TRITTSTUFEN ERDGESCHOSS – 1. OBERGESCHOSS

Materialien

Treppenlauf Stahlbeton, unterseitig verputzt
Belag Granit Nero Impala, gesäuert
Brüstungsgeländer Flachstahl, 50/100 mm, gestrichen mit Eisenglimmerfarbe

Maße

Steigungsmaß 18,8/26
Anzahl der Steigungen 17
Treppenlaufbreite 1,25 m
Geschosshöhe 3,20 m

DÖRING DAHMEN JOERESSEN ARCHITEKTEN, Düsseldorf

Fotos: Manos Meisen

EINLÄUFIGE BETONTREPPE MIT NATURSTEINBELAG 1. OBERGESCHOSS – 3. OBERGESCHOSS

Materialien

Tragkonstruktion Stahl-Rohr-in-Rohr-System, Einzelstufen spiralförmig aufeinandergesetzt
Trittstufenbelag Eiche
Belag Antrittspodest Linoleum, schwarz
Runde Begrenzungswände Gipskarton mit eingelassener Linienbeleuchtung

Maße

Steigungsmaß 18,8/26
Anzahl der Steigungen 15 zzgl. Antrittspodest
Treppenlaufbreite 1,05 m
Treppendurchmesser 2,25 m
Geschosshöhe 3,00 m

66 Fläche, Kontrast, Vertikalität

Nicht ohne Grund werden die Nahtstellen zweier Flächen unterschiedlicher Materialität meist mit Abdeckleisten versehen: sie auf der Baustelle exakt und geradlinig, ohne gelegentliches Ineinander-Übergehen herzustellen, ist mit hohem Aufwand verbunden. Betreibt man diesen Aufwand, kann man ein auch in der Großform besonders klar wirkendes Ergebnis erzielen – dies umso mehr, wenn man die unmittelbar aufeinander treffenden Flächen in sich homogen, aber gegeneinander farblich kontrastierend gestaltet und die Formgebung konsequent als Flächen-Komposition anlegt.

All dies wurde bei dem hier gezeigten Treppenentwurf in seltener Durchgängigkeit berücksichtigt. Die Treppe führt dabei die Gestaltung des gesamten Hauses fort: das im Hang stehende Wohnhaus reagiert mit unterschiedlichen Geschossigkeiten und Geschosshöhen auf die Geländesituation. Die Materialien sind einfach gehalten. Die Fassade wurde mit dunkelgrauem Filzputz gestaltet, im Inneren sind alle Wände glattflächig weiß verputzt, alle Böden mit anthrazitfarbenem Industrieboden versehen. Die Treppe bildet in derselben Materialität also lediglich die abgestufte Verbindung der Geschosse.

Drei Komponenten betonen allerdings ihre Vertikalität enorm: das breit gehaltene Treppenauge, ein darüber angeordnetes Oberlicht sowie – als einziges additives Element – eine durchgängige Linienbeleuchtung in einer Ecke der Podeste.

DREILÄUFIGE BETONTREPPE MIT VIERTELPODESTEN

Maße

Treppenlauf Stahlbeton
Oberfläche Industrie-Estrich
Brüstung Mauerwerk, weiß verputzt

Materialien

Steigungsmaß 17,6/27,5
Anzahl der Steigungen 19
Treppenlaufbreite 0,90 m
Geschosshöhe 3,35 m

DÖRING DAHMEN JOERESSEN ARCHITEKTEN, Düsseldorf

Fotos: Architekten

67

Fassadentreppe

Die beiden Kellertreppen dieser modernen Villa wurden bereits auf Seite 52 vorgestellt. Während diese gleichartig ausgeführt wurden, führen in die beiden nicht miteinander verbundenen ersten Obergeschosse zwei gestalterisch völlig unterschiedliche Treppen, deren markante Gemeinsamkeit darin besteht, dass sie sich nach außen hin unterseitig in der Fassade des Hauses abbilden. In Fortsetzung des Eingangsbereichs des Hauses findet sich eine kleine Bibliothek, von der aus die Treppe zum Obergeschoss mit den Schlafräumen des Vaters führt.

Besonders augenfällig ist der Antritt des geschlossen mit Eiche belegten Treppenlaufs: Über eine breite, raumhohe Öffnung in der Bibliothekswand betritt man zunächst ein ebenso breites Holzpodest. An dessen rechter Schmalseite startet nach einer Drehung um 90 Grad der Treppenlauf ins Obergeschoss. Dieser wird – äquivalent zur Kellertreppe – raumseitig durch eine dreieckige geschlossene Scheibe begrenzt, hier ausgeführt mit glatter, weißer Putzoberfläche.

HOLZTREPPE MIT ANTRITTSPODEST

Materialien

Unterkonstruktion Stahlbeton
Belag von Tritt- und Setzstufen Eiche

Maße

Steigungsmaß 19,1/26
Anzahl der Steigungen 16 + Podest
Treppenbreite 0,90 m
Geschosshöhe 3,25 m

Bembé Dellinger Architekten, Greifenberg

Fotos: Autor

68

Rückwandtreppe

Dreiseitig, raumhoch und mit filigranen Rahmen verglast, vermittelt der rechteckige Wohnessraum dieses Hauses größtmöglichen Bezug zur umliegenden Landschaft. Hier finden sich der Essplatz der Familie samt zugehöriger offen eingestellter Küche mit Kochinsel. Dank schlichter Materialien und ruhiger farblicher Gestaltung kommt die angrenzende Natur voll zur Geltung und wird zum wesentlichen Bestandteil der Innenraumatmosphäre.

Geschlossen gibt sich lediglich die Rückwand des Raums, hinter der sich Nebenräume finden. Dank oberflächenbündig und farbgleich eingefügter Innentüren stellt der Treppenantritt die einzig sichtbare und somit umso markantere Öffnung der Wand dar. Die zweiläufige Podesttreppe führt zum galerieartigen Fernsehbereich im Obergeschoss, der zugleich als Verteiler zu den beiden Schlafzimmern mit angeschlossenen Bädern dient. Ein weit oben in der rückwärtigen Außenwand angeordnetes breites Fenster erhellt den Kontrast aus dunklen Nussholzstufen und weißen Begrenzungswänden, rundum offenem Wohnraum und rundum geschlossenem Treppenschaft und sorgt für interessante Lichtspiele und Schattenwürfe

HALBPODESTTREPPE MIT HOLZSTUFEN

Materialien

Unterkonstruktion Stahlrohrwangen

Tritt- und Setzstufen Nussbaumparkett

Maße

Steigungsmaß 18/26

Anzahl der Steigungen 18

Treppenlaufbreite 0,9 m

Geschosshöhe 3,24 m

H²M Architekten, Kulmbach

Fotos: Architekten

69

Schlicht detailversessen

Auf dem Garagenriegel eines Mehrfamilienhauses aus den 1960er Jahren plante der Architekt ein bungalowartiges Wohnhaus. So unkonventionell wie der Bauplatz des Hauses fiel seine Erschließung aus: eine der Garagen wurde zum Eingangsbereich umgenutzt, anstelle des Garagentores findet sich heute die zweiseitig von satiniertem Glas gefasste Hauseingangstür. Dahinter verbirgt sich die entwurfsadäquate Interpretation eines klassischen Empfangsraums mit oberflächenbündigen Einbaumöbeln.

In den Wohnbereich gelangt man durch einen Treppenhauskubus aus gebrochenen Betonsteinen. Der Kubus ist als additives Element durch Glasfugen von den übrigen Gebäudeteilen abgelöst. Die Treppe selbst gibt sich ebenso schlicht wie detailversessen: ausgeführt als vor Ort gegossene Sichtbetonkonstruktion, zweiläufig mit Zwischenpodest, lebt der Entwurf von seiner präzisen Ausführung und Planung, die auch das Lichtkonzept einschloss. Mit dem Beton der Treppe, dem Weiß von Wänden und Decke und dem Flachstahl von Handlauf und Mittelgeländer bestimmen zwei flächige und ein linear eingesetztes Material den puristischen Treppenraum. Ergänzt wird die Komposition von zwei vertikal angeordneten Stableuchten an der Stirnwand oberhalb des Podests sowie einer Kommode, die als bündig gesetztes Brüstungsmöbel das Treppenauge begrenzt.

GEGENLÄUFIGE BETONTREPPE MIT HALBPODEST

Materialien

Treppenlauf Sichtbeton

Handlauf und Brüstungsgeländer Flachstahl, 60 / 10 mm, matt lackiert

Maße

Steigungsmaß 18,6 / 27

Anzahl der Steigungen 18

Laufbreite 0,96 m

Geschosshöhe 3,35 m

Nieberg Architect, Axel Nieberg, Hannover

Fotos: Architekt

70 Apfelkerne

Grundgedanke des Hausentwurfs war ein Apfel, der in einer grünen Wiese liegt, konvertiert in einen Kubus auf quadratischer Grundfläche. Einschnitte in Form von Loggia und Eingang sind wie »Biss-Spuren« verteilt und setzen sich in einem gebrochenen Weiß, ähnlich dem Fruchtfleisch des Apfels, von der apfelroten Fassade ab.

Betritt man das Haus durch die Eingangstür, läuft man seitlich auf den unteren Teil der markant-dunklen Treppe zu. Zentral im Grundriss angeordnet, führt sie einläufig vom großen Wohnraum mit offener Küche in den Verteilerbereich des Obergeschosses. Mit einer podestartigen Antrittstufe beginnend, stehen die unteren fünf Stufen beidseitig frei im Raum, um den übrigen Lauf anschließend zwischen zwei seitlichen Begrenzungswänden verschwinden zu lassen.

Durch die dunkle Oberfläche der gewählten Räuchereiche ergänzt die Treppe – gemeinsam mit dem frei stehenden Küchenblock aus demselben Material – das Farbkonzept des stilisierten Apfels um die Kerne der Frucht.

EINLÄUFIGE HOLZTREPPE MIT DREISEITIG FREI STEHENDEM ANTRITTSPODEST

Materialien

Treppenunterkonstruktion Stahlhohlprofile, 120/80 mm

Tritt- und Setzstufen Räuchereiche, 20 mm

Handlauf und Geländer im Obergeschoss Flachstahl, 50 mm, weiß lackiert

Maße

Steigungsmaß 20/25

Anzahl der Steigungen 15

Treppenbreite 0,90 m

Geschosshöhe 3,00 m

fabi architekten, Regensburg

Fotos: Herbert Stolz

71 Garderobenabstellregaltreppe

Das zweite Obergeschoss und der neu ausgebaute Dachraum eines städtischen Gründerzeithauses wurden zu einer Maisonette-Wohnung zusammengefasst. Zu ihrer inneren Erschließung entstand ein unkonventionelles, multifunktionales Treppenmöbel.

Nach einem dreistufigen Antritt und einem quadratischen Podest in der Raumecke führt ein gerader Lauf entlang der Wand von der Küche ins Schlafgeschoss. Raumseitig wurde der Stahlwangentreppe mit massiven Eiche-Trittstufen ein wenig tief wirkendes Möbel mit Schrankfront vorgesetzt und kopfseitig um die Ecke geführt, sodass der gesamte Raum unterhalb des Treppenlaufs glattflächig verkleidet ist.

Die Ahorn-Holzfront mit betonten Fugen verbirgt mehr, als der Anschein erahnen lässt: im schlanken Brüstungsbereich Stauflächen geringer Tiefe für allerlei Kleinkram, unterhalb des diagonal verlaufenden Treppenlaufs tiefere Stauräume einschließlich Kindergarderobe, vor Kopf schließlich einen vollwertigen Garderobenschrank hinter einer Spiegeltür. Schiebt man hier die Jacken und Mäntel beiseite, öffnet sich ein Durchstieg zum verbliebenen Raum unterhalb des Treppenlaufs: ein vielfältig nutzbarer Abstellraum.

Raumseitig in die Front eingefügt findet sich ein displayartiges offenes Fach. Quadratisch in der Ansicht und rot lackiert ein Eye-Catcher, ähnlich dem roten Eck-Kubus ein Geschoss tiefer.

TREPPENMÖBEL MIT WINKELTREPPE

Materialien

Treppenlauf Stahlwangentreppe
Trittstufenbelag Eichendielen
Setzstufen Stahlbleche in Z-Form
Möbelkorpusse Ahornfurnier, MDF

Maße

Steigungsmaß 19/26
Anzahl der Steigungen 16
Treppenbreite 0,80 m
Geschosshöhe 3,04 m

Peter Kuchenreuther, Marktredwitz

Fotos: Autor

72

Zwei parallele Läufer

Die umgebende dörfliche Architektur von Wohnhäusern und Scheunen modern interpretierend, entwarfen die Architekten auf einem schmalen, tiefen Grundstück ein Wochenendhaus in Holzbauweise. Während der den überwiegenden Teil der Grundfläche einnehmende Wohnraum mit offener Küche bis unter das steil aufragende Satteldach reicht, wurde über den angrenzenden Schlaf- und Sanitärräumen eine Galerie angeordnet. Zu deren Erschließung dient eine kompakte Raumspartreppe, schlicht und gestalterisch hochwertig zugleich. Über eine Unterkonstruktion aus weiß gestrichenen Holzwerkstoffplatten wurden Tritt- und Setzstufen aus massiven geölten Eichedielen montiert. Um ihre Dicke gegenüber der beidseitig wie eine breite Schattenfuge sichtbare Unterkonstruktion herausragend, wirken die Dielen wie zwei nebeneinander verlegte Läufer.

RAUMSPAR-TREPPE

Materialien

Treppenunterkonstruktion OSB-Platten

Tritt- und Setzstufen Eichendielen, 3 cm, geölt

Maße

Steigungsmaß 22/19

Anzahl der Steigungen 12

Treppengesamtbreite 0,76 m

Treppenlaufbreite 0,66 m

Geschosshöhe 2,64 m

Möhring Architekten, Born a. D./Berlin

Fotos: Stefan Melchior

73

Überraschend (un)konventionell

Auch vermeintlich konventionelle Treppen können durch sorgfältig geplante und ausgeführte Detaillösungen hohe gestalterische Qualität haben – und völlig unkonventionelle Überraschungen bereithalten!

Ein solches Detail dieser zweiläufigen, blockhaft geschlossenen Podesttreppe ist der auf der Oberseite der Mittelwand verlaufende Handlauf: als flaches Kantholz bündig angepasst, fasst er die freien Kanten der Wand samt der anschließenden Galeriebrüstung.

Überraschendes halten die unteren Stufen bereit: hier verbergen sich hinter den Setzstufen praktische Schubladen, die allerhand Stauraum bieten.

GEGENLÄUFIGE HOLZTREPPE MIT SETZSTUFEN-SCHUBFÄCHERN

Materialien

Treppenlauf Weißtanne, massiv

Handlauf Weißtanne

Maße

Steigungsmaß 17/27

Anzahl der Steigungen 17 (davon 2 Halbpodeste)

Treppenlaufbreite 1,00 m

Geschosshöhe 2,89 m

k_m architektur, Daniel Sauter, Bregenz

Fotos: Architekten

74

Ein optischer Streich

Zugleich massiv und extrem feingliedrig – die Wahrnehmung spielt dem Betrachter bei dieser zweiläufigen Podesttreppe scheinbar einen optischen Streich, doch letztlich kommt es auf den jeweiligen Standpunkt an. So wirken die dielenartigen Stufen aus relativ dunklem, edlem Nussholz per se eher massiv, in ihrer rhythmisch addierten Vielzahl durch den Verzicht auf Setzstufen und massive Wangen aus vielen Positionen dann aber doch wieder leicht. Umgekehrt verhält es sich mit dem zwischen den Läufen als tragendes Element angeordnetem Gitter aus vertikalen Nuss-Kanthölzern. In der seitlichen Ansicht, in der ihr Abstand deutlich wird und jedes der Hölzer für sich steht, wirkt das Gitter äußerst filigran und verleiht der Treppe in ihrer Gesamtheit fächerartigen Charakter. Je schräger der Blick jedoch auf das Gitter fällt, desto mehr scheint es sich zu schließen und gewinnt optisch an Massivität.

Doch gleich, aus welcher Perspektive man gerade blickt, eins ist stets gleich: der Entwurf wirkt ungemein elegant – eine Wirkung, die durch Details wie Schattenfugen an den Seiten der Stufen oder die sichtbaren, sorgfältig oberflächenbündig versenkten Schraubenköpfe noch verstärkt wird.

HOLZ-HARFENTREPPE

Materialien

Stufen Nussholz
Mittige Absturzsicherung Nuss-Kanthölzer
Handlauf Edelstahlrohr

Maße

Steigungsmaß 17/27
Anzahl der Steigungen 18 (davon 1 Podest)
Treppenlaufbreite 1,00 m
Geschosshöhe 3,06 m

k_m architektur, Daniel Sauter, Bregenz

Fotos: Architekten

75 Treppen-Haus

Viele der in diesem Buch vorgestellten Treppen sind von entscheidender Bedeutung für das architektonische Gefüge im Inneren des Hauses – nach außen treten jedoch die wenigsten davon in Erscheinung. Genau andersherum verhält es sich bei dieser Treppe: im Inneren muss man das übrige Raumgefüge verlassen und über einen Durchgang den Treppenraum betreten, von außen hingegen zeichnet dieser sich mit schräger Unterseite und schmalem Pultdach in der Fassade ab.

Nur unterbrochen von einem Antrittspodest auf Ebene des Erdgeschosses, läuft die Treppe vom Untergeschoss bis zum Obergeschoss durch als »Himmelsleiter« – eine Bezeichnung, die selten so zutrifft wie hier: selbst weiß lackiert, geführt zwischen hohen, weißen Wänden, läuft die Treppe auf ein bodentiefes Fenster an ihrem oberen Ende zu – dem Licht entgegen.

HIMMELSLEITER MIT AUSTRITTSPODEST

Materialien

Unterkonstruktion Holz
Oberfläche Furnierholz, weiß lackiert
Geländer n.v.

Maße

Steigungsmaß 19,1/26,5 (UG–EG) bzw. 17,8/26,5 (EG–OG)
Anzahl der Steigungen 31; Podest nach 15 Stufen auf Erdgeschossebene
Treppenbreite ca. 1,00 m
Geschosshöhe 2,88 m

philipp architekten, Anna Philipp, Untermünkheim

Fotos: Victor S. Brigola

76

Lichtraum

Mit viel Gespür für den historisch-dörflichen Kontext fügten die Architekten ein modernes Wohnhaus in den alten Eifelort Marmagen ein. Mit ihrem Entwurf transformierten sie gekonnt Merkmale traditioneller, regionaltypischer Bauweisen in heute zeitgemäße Architektur. Der zweigeschossige Flachbau greift das Baumuster alter Scheunen auf, die über einem Natursteingeschoss in Holz konstruiert waren. Diese Materialkombination wird hier abstrahiert in ein mit Naturstein verkleidetes Erdgeschoss und eine darauf aufliegende, auskragende »Holzkiste«.

Im Kontrast zu diesem Bild steht der Treppenraum: rundum konsequent weiß, einschließlich der Lauffläche der Treppe, über Oberlichter erhellt, gibt er sich überaus licht. Verstärkt wird die beeindruckende Wirkung durch die rundum weitgehend geschlossenen Wände des Raums. Im Erdgeschoss öffnet er sich lediglich auf Durchgangsgröße, erfassen lässt er sich aufgrund der Viertelwendelungen an beiden Enden jedoch erst nach Betreten.

Ein kleines, blaues Quadrat an der oberen Stirnseite gibt dem Auge einen Fixpunkt im ansonsten homogenen Raum.

EINLÄUFIGE BETONTREPPE
MIT VIERTELGEWENDELTEN AN- UND AUSTRITTEN

Materialien

Treppenlauf Betonfertigelement, weiß lackiert

Maße

Steigungsmaß 19/26
Anzahl der Steigungen 15
Treppenlaufbreite 0,90 m
Geschosshöhe 2,74 m

denzer & poensgen, Marmagen

Fotos: Architekten

77 Dynamisch-monumental

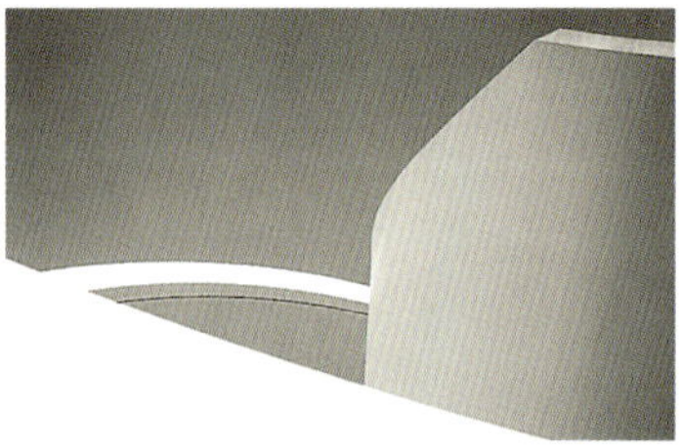

Puristisch, dabei voller Dynamik und schlichtweg faszinierend: durch die Verbindung strenger Geometrie und Materialität mit organisch-bewegten Elementen entstand hier ein phänomenaler Treppenentwurf. Die zylindrische Grundform mit harten Kanten und flächigen Umfassungswänden schiebt sich als umlaufende Brüstung durch die Geschossdecke und wird von der flächengleichen Lichtdecke überdacht. In einem leichten Schwung begleitet der farbig hinterleuchtete Handlauf die Treppe, oberflächenbündig eingelassen in den umfassenden Zylinder.

Im Bereich des Austritts wurde die äußere Brüstung zum Treppenauge geführt und setzt sich hier in einer steilen Spirale als innere Brüstung fort. Während die homogenen Glasstufen und die glatten Wandoberflächen der Treppe beinahe schon monumentalen Charakter verleihen, sorgen die Brüstungsspirale des Treppenauges, ihre mannigfachen Durchblicksvariationen sowie der alles umgreifende Handlauf für den dynamischen Effekt des Entwurfs.

WENDELTREPPE MIT OFFENEM AUGE

Materialien

Unterkonstruktion Stahlrahmen
Stufenbelag Glas

Maße

Steigungsmaß 17,5/30
Anzahl der Steigungen 17
Treppenlaufbreite 1,00 m
Geschosshöhe 3,33 m

bsp architekten, Bochum

Fotos: Detlef Podehl

Architekten- und Fotografenverzeichnis

Architekten

Die Ziffern geben die Nummern der Projekte an.

architektur+raum
Steufzger Straße 33
87435 Kempten
www.architekturplusraum.de
22

Dipl.-Ing. Architekt Dirk B. Austermann
Hülsenweg 18
48249 Dülmen
www.architekt-austermann.de
62

baurmann.dürr Architekten
Hirschstraße 120
76137 Karlsruhe
www.bdarchitekten.eu
1, 20, 46

Beilharz GmbH & Co. KG
Rosenfelder Straße 100
72189 Vöhringen
www.beilharz-haus.de
54

Bembé Dellinger Architekten
Im Schloss
86926 Greifenberg
www.bembe-dellinger.de
36, 52, 67

Berschneider+Berschneider
Architekten + Innenarchitekten BDA
Hauptstraße 12
92367 Pilsach / Neumarkt
www.berschneider.com
9, 16, 18, 51, 57

Klaus Beslmüller
Dipl.-Ing. Architekt
Vazaninistraße 13
85567 Grafing
www.architekt-beslmueller.de
40

brandl architekten . bda
An der Hülling 2
93047 Regensburg
www.brandl-architekten.de
6

Alexander Brenner Architekten
Dipl.-Ing. freier Architekt BDA
Parlerstraße 45
70192 Stuttgart
www.alexanderbrenner.de
29

bsp architekten
Bödecker Schulte Partner
Harpener Hellweg 265
44805 Bochum
www.architekten-bsp.de
11, 38, 77

Boch+Keller Architekten
Eysenbachstraße 20b
64297 Darmstadt
www.boch-keller.de
53

Ingo Bucher-Beholz, freier Architekt BDA
Hornstaaderstraße 33
78343 Gaienhofen
www.bucherbeholzarchitekten.de
17, 23

denzer & poensgen
Zum Rott 13
53947 Marmagen
www.denzer-poensgen.de
40, 64, 76

DÖRING DAHMEN JOERESSEN ARCHITEKTEN
Michael Dahmen
Hansaallee 321
40549 Düsseldorf
www.ddj.de
27, 48, 65, 66

fabi architekten BDA
Stephan Fabi
Glockengasse 10
93047 Regensburg
www.fabi-architekten.de
28, 34, 35, 70

GLS Architekten AG
Nik Liechti, dipl arch ethz/sia
Zentralstrasse 115
Postfach 493
2501 Biel-Bienne/Schweiz
www.glsag.ch
24, 60

H²M Architekten + Stadtplaner GmbH
Buchbindergasse 5
95326 Kulmbach
www.h2m-architekten.de
68

holzrausch Planung & Werkstätten
Gewerbering 14
D-85659 Forstern
www.holzrausch.de
4

HPA+ Architektur
Lars Puff
Boisseréestraße 12
50674 Köln
www.hpa.de
47

Hellriegel-Architekten
Dipl.-Ing. Architekt BDA Bernd Hellriegel
Gütergasse 17
51143 Köln
www.hellriegel-architekten.de
15, 31, 32

k_m architektur
Architekt DI Daniel Sauter
Glockengieße 2
6900 Bregenz/Österreich
www.k-m-architektur.com
44, 49, 50, 73, 74

Hans Kneidl Architekten und Stadtplaner
Rummelstraße 5
92637 Weiden
www.hanskneidl.de
14, 56

Peter Kuchenreuther Architekt
Markt 14
95615 Marktredwitz
www.kuchenreuther-architekt.de
71

Planungsbüro KÜHN – MEURER – DANKE
siehe: DANKE Architekten
Michael Danke
Hinter den Gärten 7
53894 Mechernich
www.danke-architekten.de
10

architekturbüro [lu:p]
Dipl.-Ing. Architekt BDA
Renee Lorenz
Ringstraße 21
96271 Grub am Forst
www.lu-p.de
37, 39, 42

Mißfeldt Kraß Architekten BDA
Dipl.-Ing. Architekt Tobias Mißfeldt
Dipl.-Ing. Architekt Hauke Kraß
Architekten und Energieberater
Lange Reihe 6
23568 Lübeck
www.missfeldtkrass.de
7, 58

Möhring Architekten
Dipl.-Ing Architekt Norbert Möhring
Bäckergang 2a
18375 Born
Schwedter Straße 34a
10435 Berlin
www.moehring-architekten.de
72

Nieberg Architect
Dipl.-Ing. Architekt Axel Nieberg
Waterloostraße 1
30169 Hannover
www.nieberg-architect.de
2, 25, 63, 69

philipp architekten GmbH
Anna Philipp
Wittighäuser Steige 2
74547 Untermünkheim
www.philipp-architekten.de
8, 13, 19, 41, 43, 59, 61, 75

POOL LEBER ARCH
Architekten + Stadtplaner
Adalbertstraße 23
80799 München
www.poolleberarch.de
3

raumkontor
Dipl.-Ing. Andrea Weitz
Prof. Dipl.-Ing. Jens Wendland
Oberrather Straße 12
40472 Düsseldorf
www.raumkontor.com
30

S C H M I D ARCHITEKTEN
Gneisenaustraße 15
86167 Augsburg
www.schmidarchitekten.com
5

Dipl.-Ing. Ekkehard Schröer
Innenarchitektur Möbeldesign
Wesselswerth 6
45239 Essen
www.ekkehardschroeer.de
33

Stuart Stadler Architekten
Stuart Stadler
Balanstraße 9
81669 München
www.planungswelt.de
12, 26

steiner architektur
Erwin Johann Steiner
Dipl.-Ing. Architekt/Ing. Energietechnik
Weilheimer Straße 3
82319 Starnberg
www.steiner-architektur.de
55

Johannes Walther Architekt
Sternstraße 67
20357 Hamburg
www.walther-architekten.de
45

Fotografen

Zooey Braun Fotografie
Römerstraße 51
D-70180 Stuttgart
www.zooeybraun.de
29

Victor S. Brigola Fotografie
Libanonstraße 72
70184 Stuttgart
www.victorbrigola.com
75

Ulrich Grohs Fotoatelier
Brüsseler Straße 20
50674 Köln
www.uligrohs.de
12, 26

K+W Fotografie
Schliemannstraße 17
10437 Berlin
www.kundw.org
4

Hans Jürgen Landes Fotografie
Neuer Graben 9
44139 Dortmund
www.landesfoto.de
30

Rainer Mader, Fotograf
Alte Schule am runden Baum
53937 Schleiden
www.rainermader.de
64

teamfoto Marquardt GmbH
Hans-Böckler-Straße 12
59348 Lüdinghausen
www.die-marquardts.com
62

Manos Meisen
Linienstraße 102
40227 Düsseldorf
www.manosmeisen.de
27, 48, 65

Melchior Fotodesign
Stefan Melchior
Kloedenstraße 5
10965 Berlin
www.stefan-melchior.de
72

Podehl Fotodesign
Detlef Podehl
Ebbinghausstraße 24
44319 Dortmund
www.podehl.com
11, 38, 47, 77

Ralf Rautenberg
Dipl.-Fotoing.
Raiffeisenstrasse 19
51105 Köln
www.raumundaugenblick.de
15, 32

Hermann Rupp
Studio für Fotografie
Albert-Einstein-Straße 6
87439 Kempten
www.rupp-fotografie.de
22

Oliver Schuster
Visuelle Gestaltung
Ulmenstraße 29
71069 Sindelfingen
www.schustervisuell.de
19, 41

Szabolcs Sóti
Ulmenweg 5
86368 Gersthofen
5

Fotografie Erich Spahn
Greflingerstraße 1
93055 Regensburg
www.erich-spahn.de
9, 16, 18, 51, 57

Peter Stockhausen
Brunnenstraße 69
45128 Essen
www.peter-stockhausen.de
33

Herbert Stolz
Fotodesign
Am Holzhof 12
93059 Regensburg
www.herbertstolz.de
6, 28, 34, 35, 70

Jürg Zimmermann
Malzstrasse 13
8045 Zürich/Schweiz
www.zimmermannfotografie.ch
60

Alle anderen Fotos stammen von Johannes Kottjé oder den auf der jeweiligen Seite genannten Architekten.

Abbildung Umschlagvorderseite siehe Projekt 55.
Abbildung Umschlagrückseite siehe Projekt 23.

MIX
Papier aus verantwortungsvollen Quellen
FSC® C084279
FSC www.fsc.org

Impressum

Verlagsgruppe Random House FSC® N001967
Das für dieses Buch verwendete FSC®-zertifizierte Papier
Profisilk liefert Sappi, Alfeld.

1. Auflage

Satz und Layout: Monika Pitterle/DVA,
Gesetzt aus der Univers Lt Std und der DIN 1451 Std Mittelschrift
Lithographie: Repro Ludwig, A-Zell am See
Druck und Bindung: Print Consult, München
Printed in the Czech Republic
ISBN 978-3-421-03955-2

www.dva.de